본성과의 대화 1

본성과의 대화 1

ⓒ 문화영, 1999

1판 1쇄 | 1999년 5월 28일
2판 1쇄 | 2010년 7월 28일
2판 2쇄 | 2018년 7월 10일

문화영 지음

펴낸곳 | 수선재북스협동조합
펴낸이 | 김부연
기획팀 | 양임경, 유재용
편집팀 | 김대만, 나은희

출판등록 | 2017년 8월 9일 (제 25100-2017-000010호)
주소 | 인천시 계양구 장군봉길 40, 503호
전화 | 070-4045-9454
팩스 | 02) 6918-6789
홈페이지 | www.ssjbooks.com
이메일 | ssjbooks@gmail.com

ISBN 978-89-89150-64-0 04810 1권
     978-89-89150-63-3 04810 (전4권)

잘못된 책은 바꾸어 드립니다.
저자와 협의하여 인지는 생략합니다.

본성과의 대화 1

문화영 지음

수선재

서문

　사람은 외로움을 느낍니다.
　외로움의 근본적인 이유를 찾고 달래기 위해 삶이 지속되는 동안 여러 곳을 서성이고 많은 사람들을 만납니다. 아니면 너무 바쁜 세상 속에서 자신이 외롭다는 사실조차 미처 인식하지 못한 채 함께 흘러가기도 합니다. 그럼에도 어느 순간 문득, 피할 수 없이 다가서는 한 생각.
　'나는 외롭다……'

　이 책 『본성과의 대화』는 사람이 외로운 이유는 자신의 본성本性과 분리되어 있기 때문이라고 감히 언급하며 시작합니다.
　'본래의 나, 본성本性……'

　태어남이 하나였기에 지금의 자신과 다시 하나 되어 만나지기 전까지는 그 어떤 것으로도 만족되고 채워지지 않을, 태초부터 나의 반쪽인 본성. 내 영생의 스승인 본성.
 그리고 그 본성은 모든 사람에게 있어 동일한 존재라고 말씀드립니다.

 우주는 파장波長을 통해 모든 것을 공유합니다. 본성과의 만남은 본성의 파장 대역에 스스로 도달하였을 때 가능해집니다. 몸을 지닌 인간은 맑은 우주 기운으로 하는 깊은 호흡을 통해 몸과 마음을 정화하고 안정시켜 본성의 극저파장極低波長 대역으로 진입할 수 있습니다. 본성과의 만남 이후, 파장은 더욱 낮아져 무파장無波長 대역에까지 이르게 됩니다.

 '본성과의 대화'는 거대한 우주의 역사 속에서 자신이 어떠한 위치에 있는지 또한 누구인지 찾아가는 실마리를 제공합니다. 현재 자신의 의식의 틀을 확장하여 자신과 타인의 인생을 넓고 깊게 이해할 수 있게 하는 망원경의 역할을 합니다.
 동시에 '본성과의 대화'는 자신의 하루하루의 삶이 얼마나 사랑스럽고 소중한지, 그래서 얼마나 정성스러우면서도 가볍고 즐거워야 하는지, 정작 자신은 어떠한 삶을 살아내고 있는지 면밀히 성찰할 수 있게 하는 현미경이기도 합니다.

 1999년에 출간되었던 『다큐멘터리 한국의 선인들』 전 6권 중

'본성과의 만남'과 '수련원 개원 이후' 부분을 새롭게 단장하여 4권으로 재출간하게 되었습니다.

『선계에 가고 싶다』로부터 이어지는 한 분의 진솔한 수련 내용과 본성과의 대화 내용으로 인해 명상학교 수선재에서는 10여 년 동안 많은 분들이 맑게 밝게 따뜻하게 변화되었습니다. 이것이 그냥 지나간 옛 책으로만 묻어둘 수 없게 되는 까닭이며, 지금보다 더 많은 친구들을 얻고 싶은 마음을 가득 싣게 되는 이유입니다.

이미 본성과 만나는 길을 시작한 많은 분들의 '첫 마음'을 그대로 옮겨놓습니다. 설레면서도 용감하고 열정적인 마음들……. 그 마음들이 왠지 모르게 하늘을 바라보며 그리워하고 외로워하는 분들께, 자신이 누구인지 알게 되기를 열망하는 분들께 꼭 그대로 전달되어지기를 소망합니다.

본성과의 만남은 겸손과 사랑, 지혜가 깊어지는 길임을 배웠습니다.
처음 길이 되어주신 선생님께 감사드립니다.
사랑과 존경을 드립니다.

2010년 7월 수선재

차례

본성과의 만남 전후

서문 · 5

1 — 우주에 대하여 15
2 — 남자와 여자 18
3 — 효과적인 수련 방법 19
4 — 바른 삶 21
5 — 한 해를 보내는 마음 22
6 — 한 해를 시작하는 마음 24
7 — 혼 1 26
8 — 실천 28
9 — 기회란 30
10 — 잘난 여자들이 짝이 없는 이유 31
11 — 산은 산, 물은 물 32
12 — 혼 2 36
13 — 수련의 집중 시간 38
14 — 마음이 흔들리는 것 40
15 — 남녀 관계 43
16 — 번뇌 1 44
17 — 번뇌 2 45
18 — 체력 관리 1 47
19 — 번뇌 3 48
20 — 번뇌 4 50
21 — 수련의 목적 51
22 — 깨달음 53
23 — 수련의 방법 55
24 — 나라의 운명 57
25 — 인간의 삶 59

26 — 인간 세상의 일 60
27 — 호흡 1 62
28 — 호흡 2 64
29 — 호흡 3 65
30 — 천서 공부 68
31 — 체력 관리 2 70
32 — 호흡 4 72
33 — 혼 3 74
34 — 수련 1 76
35 — 호흡 5 78
36 — 수련의 중요성 80
37 — 유혹 1 82
38 — 슬픈 기쁨, 나쁜 기쁨 84
39 — 얻음과 버림 86
40 — 휴일 없는 수련 88
41 — 답답할 때의 호흡 90
42 — 정심正心 92
43 — 진리의 행行 93
44 — 44회 생일 95
45 — 호흡 6 96
46 — 수련의 기회 100
47 — 호흡과 의식 102
48 — 한결같은 마음 103
49 — 바르게 살라 104
50 — 종교 105

51 — 도의 길 107
52 — 초각 인가 109
53 — 흔들리지 말아라 116
54 — 정심의 실체는 고행 117
55 — 무리는 금물 119
56 — 타인을 돕는 길 120
57 — 광명은 무심 122
58 — 혼 4 124
59 — 수련은 과정 125
60 — 혼 5 127
61 — 격은 스스로 높여라 128
62 — 대인 관계 130
63 — 유혹 2 132
64 — 도반 133
65 — 천계의 호흡 135
66 — 몸과 마음은 수련을 위해서만 137
67 — 호흡은 부드러워야 139
68 — 만물은 호흡 140
69 — 우주 호흡 141
70 — 마음의 조절 143
71 — 고비와 무리 144
72 — 남녀의 수련 과정 145
73 — 중심을 잡아라 147
74 — 깨달음은 자연스런 일 148
75 — 천천히 하라 152

76 —	대우주는 무無이다	153
77 —	수련 인연은 가장 큰 축복	154
78 —	희생하라	156
79 —	확신을 가져라	159
80 —	자신으로 갈 수 있는 범위	160
81 —	주체는 자신	162
82 —	감정은 천지조화	164
83 —	가족 문제는 시련	168
84 —	자신은 원동력	170
85 —	천계의 부모	172
86 —	독립 준비	173
87 —	우주는 생물체	174
88 —	수련 인연은 천연天緣	176
89 —	노력해라	179
90 —	힘겨움	181
91 —	말을 조심하라	183
92 —	기는 곧 의지	185
93 —	강자의 윤리	187
94 —	긴장하라	188
95 —	확신과 자만	189
96 —	마음을 움직일 수 있어야	191
97 —	사람이란	192
98 —	도리와 인내	193
99 —	아침에 달렸다	195
100 —	사람의 하루	196
101 —	불필요한 만남	197
102 —	의지는 운명의 변수	198
103 —	선善의 확장	200
104 —	원인보다 결과가 중요	204
105 —	물物은 인간을 위해 존재	205
106 —	물物에서의 해탈	206
107 —	수련 중이라는 사실	209
108 —	작은 일에 소홀하지 말아라	211
109 —	고행이란	212
110 —	갈등의 원인은 자신	214
111 —	급한 것을 뒤로 돌려야	216
112 —	극선極善도 나쁘다	219
113 —	일정한 태도를 유지해야	222
114 —	천명天命이란	224
115 —	우주는 내부에 있다	226
116 —	모든 것은 새롭다	228
117 —	몸에도 의사가 있다	230
118 —	**충격 요법**	232
119 —	상상도 주의하라	234
120 —	가족 관계	236
121 —	호흡은 만물의 생성 원인	238
122 —	생각을 버려야	239
123 —	공부란 공空으로 채워	241
124 —	혼자 있는 시간	243
125 —	칭찬	245
126 —	성性	246
127 —	현재의 나를 버리면	247

128 — 일체 유심조 249
129 — 마음의 벽 250
130 — 도는 가까이에 252
131 — 뒤를 보지 말아라 254
132 — 집중은 돌파력 255
133 — 환경은 나의 다른 표현 256
134 — 작은 것이 중요 257
135 — 마음이 맑아야 259
136 — 수련은 모든 것의 자동화 260
137 — 인내 261
138 — 해탈 직전은 환희 263
139 — 즐거움은 힘 264
140 — 수련은 인내 268
141 — 언제나 큰 것은 없다 269
142 — 나는 위대하다 271
143 — 잡념은 273
144 — 선계善界와 악계 275
145 — 매사가 수련 277
146 — 아침 수련 279
147 — 수련이 무거우면 초보 280
148 — 평온은 파워이다 282
149 — 호흡의 뒤는 절벽 284
150 — 뜻을 세워야 286
151 — 본성과 개성 288
152 — 조건이 없을 때 행하라 289
153 — 본성과 나의 일치 290

154 — 균형을 잃지 말아라 292
155 — 작은 것이 중요 294
156 — 우주의 진리는 절대적 296
157 — 기운은 기의 느낌 298
158 — 초련, 중련, 상련 300
159 — 확신은 가장 큰 힘 301
160 — 상근기 호흡법 303

본성과의 만남 전후

우주에 대하여

필자는 1994년 4월 27일 새벽, 본성에 진입하였다. 이 글은 본성과 만나기 이전 필자의 선계의 스승이신 천강天降 선인仙人과의 대화 중 『선계에 가고 싶다』에 빠져있는 부분과 본성과의 만남 이후 본성과의 문답, 그리고 천서로 구성되어 있다.

인간이 그들의 과학으로 밝혀낼 수 있는 우주의 법칙은 현재 상태에서는 1~2%가 최대치라고 할 수 있다. 30~40%까지는 상상의 세계에서 일부 가능하며 그 외에는 상상의 세계에서도 불가하다. 인간의 상상력 자체가 현재의 수준 이상 발휘되기 어려운 까닭이다.

우주에는 현재의 지구 과학으로 접근할 수 없는 부분이 훨씬 더 많이 있으며, 그 모든 것을 인류의 과학으로 설명한다는 것은 상당한 무리라고 할 수 있다. 비근한 예로 UFO나 천체의 어떤 현상에 대해 추리 수준의 답은 있어도 100% 확실한 답을 내놓기 불가할 뿐 아니라, 그런 답을 가르쳐 주어도 과학적인 공식으로 풀이가 되지 않으면 믿지 않으려 하는 사고방식이 의식의 전환을 막고 있는 것이다.

과학의 발달은 걸어가는 것이요, 의식의 전환은 빛의 수천억 배까지의 속도도 가능한 것인데, 꼭 자로 재야 크기를 알 수 있다면 그처럼 답답한 것이 있을 수 없다.

우주란 그리 단순한 것이 아니요, 너무나 복잡한 것(삼라만상)이 얽혀 있으면서 그 움직이는 근본 원칙은 너무나 간단한 것이다. 첫째는 계속 움직인다, 둘째는 변화한다, 셋째는 순리대로 간다는 것이다.

모든 것은 결코 정체되어 있지 않으며 항상 변화의 움직임이 있고 억지로 가지 않는다는 것이다. 선이든 악이든 모두 당시의 순리대로 가고 있는 것이며, 어느 흐름을 타고 가는가는 본인의 노력에 달려 있다.

자신의 노선에서 중도에 선線이 바뀌는 경우는 본인이 바로 옆에 있는 선으로 옮겼기 때문이다. 이선離線은 항상 기회를 준비하고 기다리는 사람에게 가능한 것이 또한 우주의 법칙이다. 이선의 욕구에 의해 애당초 예정된 바의 100여 배까지도 변화가 가능하다.

본인의 경우가 천직이라는 사고방식은 자신의 삶에 확신이 없는 경우에는 갖지 않는 것이 좋으며, 100% 확신, 적어도 80% 이상 확신이 선 후에야 가질 수 있는 것이다. 천직은 자신의 흐름줄의 고정으로서 반드시 하나일 수는 없으나 결코 여럿인 것도 아니다.

본성에 가까운 사람들이 모여 있는 곳은 그래도 종교계라고 할 수 있으며 속俗에서 본성에 접근한다는 것은 상당히 어렵다고 할 수 있다. 본성에 접근이 되면 어느 것이든 닿지 않는 것이 없다. 속에서 도가 튼다고 하는 것은 그 이전 단계에서도 가능은 하다. 참 도는 본성과 80% 이상 일치할 때 시작된다고 할 수 있다. 맑으면 무엇이든 보이게 되어 있는 것이 하늘의 길이다.

남자와 여자

남자와 여자는 어떤 관계인지요?

　　남자란 여자의 몸을 빌어 세상에 태어나므로, 태어날 때부터 빚을 지고 있다고 볼 수 있다. 그 빚은 깨우침으로써 갚아야 하는바, 부지런히 공부를 해야 하는 이유이다. 음(-)은 그 자체가 음(-)으로서 존재할 뿐이나 양(+)은 그 자체가 음(-)을 생성할 수 있으니 이것으로 음(-)과 구별되는 것이다.

　따라서 여자는 여자 스스로 발전의 동기 생성이 어려우나 남자는 스스로 발전이 가능하다. 남자가 여자에게 빚이 있으나, 그 빚을 갚는 가장 큰 것이 깨우침을 주는 것임을 명심하고 남자들은 그 뜻을 펼 수 있도록 해야 한다.

저는 어째서 천상 여자로 태어났는지요?

　　원래 타고난 것이다. 인연이다. 따라서 더욱 공부를 많이 할 수 있는 계기도 될 것이다. 기쁘게 생각해라.

3
효과적인 수련 방법

효과적인 수련 방법이 있는지요?

있다. 수련에서의 가장 효과적인 것은 내외적인 조건이 함께 갖추어지며 가는 것이다. 내적인 조건이란 본인의 마음가짐이요, 외적인 조건이란 본인 주변의 상황인바, 두 가지가 동시에 갖추어져 나가게 된다.

원래 갖추고 나온 사람들은 없으며 시간의 경과에 따라 수련 상태가 변화되어 나가는바, 양 조건이 균형을 이루며 나가도록 해야 한다. 주변의 정리가 마음의 정리이며 마음의 정리는 주변의 정리로 나타나게 된다. 정리된 상태에서의 수련은 효과적인 수련이 될 것이다.

태양신경총(상단에 있음) 등의 이용 방법은 있는지요?

무리하여 작동할 필요는 없다. 수련 단계에 따라 모두 저절로 작동하도록 되어 있으며, 본인의 의사로 작동이 가한바, 때가 되기 전의 인위적인 작동은 바람직스러운 것은 아니다. 스스로 작동되도록 하라.

　무엇이든 마음과 호흡으로 단전에 기를 모으고 이 기에 의해 신체적인 변화까지도 저절로 이루어져야 하는 것이니, 여기에서 벗어나 무리한 욕심을 내는 일이 없도록 해라.

알겠습니다.

4 바른삶

본성과의 만남 전후

어떻게 사는 것이 바르게 사는 것인지요?

우선은 걸리지 않아야 한다. 걸리지 않는다 함은 마음에 거리끼는 바가 없어야 한다는 것이며, 거리끼는 바가 없기 위해서는 모든 것을 옳게 생각해야 한다. 생각이 바른 후 바른 행동이 따르고, 그러면서 모든 것이 바르게 되어야 한다.

한때의 생각으로 행하지 말고 최소한 세 번 이상 생각해서 옳은 방향으로 가면 그렇게 많은 착오가 없이 갈 수 있을 것이다. 아직도 걸리는 것이 있음은 절반 정도의 행동이 인간적이라는 뜻이니, 수련이 진전됨에 따라 탐색이 될 것이다.

조급히 서둘지 말고 생각을 바로 하는 쪽으로 가면 해결이 될 것이다. 속에서 생활한다는 것은 그 자체가 오염된 속에 들어 있는 것이니, 생각을 고요히 갖고 번뇌에 물들지 않도록 해라.

한 해를 보내는 마음

한 해를 보내는 마음가짐은 수련생으로서 어찌해야 하는지요?

한 해의 마지막 날은 수련생에게 있어 반드시 그 해의 전 과정을 돌아보고 다음 해의 수련 계획을 점검해 보아야 하는 기간이다. 수련이 입새에 들었을 때가 가장 중요하며 그 단계에서 탈락이 많은 법이고, 일단 권내에 진입하면 그 후엔 가볍게 넘어갈 수 있게 된다.

속에서 수련함에 그만한 성과를 거두기도 어려우나, 이제 우주와의 만남이 시작되었으므로 우주의 뜻에 소홀함이 없도록 함이 가장 중요할 것이다. 우주의 뜻은 모두 한 방향으로 가는 것이 아니며 한가운데 훈을 향하여 모이게 되어 있다.

이 훈에서 모든 것이 나오고 들어가며 이 훈에서 모든 것이 이루어지고 사라지게 된다. 이 훈으로 어디에나 갈 수 있으며 이 훈을 모르면 어디에도 갈 수 없게 된다. 항상 훈을 의식하고 훈과 함께 가며 훈을 생활화할 수 있도록 하라.

혼은 그 자체가 하늘이자 우주이니 이 혼 안에서 모든 것을 이룰 수 있는 것이니라. 명년에는 이 혼에 대해 공부하는 해로 함이 좋을 것이다. 금년(93년)에 수고했다.

감사합니다. 더욱 열심히 정진하겠습니다.
    그래라.

한 해를 시작하는 마음

금년(94년) 한 해를 어떻게 보내겠느냐?

　　수련에 들어 모든 것을 수련으로 생각하면서 보내고 한층 더 정진할 수 있도록 하겠습니다.

수련이란 생각만으로 되는 것이 아니고 그에 따르는 행동으로 뒷받침이 되었을 때만이 그 빛을 볼 수 있는 것이니라. 생각만으로 수련을 한다고 하는 것은 실제로 일어나는 것이 없으므로 별 진전이 없는 것이다.

　항상 진전이 있기 위해서는 행동이 필요하다. 그 행동이란 멀리 있고 하기 어려운 것이 아니라, 가까이 있고 실천이 쉬운 것에서 비롯된다. 즉, 호흡이 지속될 수 있으면 수련도 길어질 것이요, 호흡이 짧아진다면 수련 시간도 짧아질 것이다.

　수련 중에 오는 고비는 이제는 많이 줄어들 것이다. 그 적어지는 고비는 더 한층 수련에 정진하라는 뜻이기도 하다.

수련에 들어 정진할 수 있음은 또한 많이 갈 수 있다는 뜻이 되는 것이니, 항상 깊이 생각하고 깊이 연구하고 깊이 받아들여 오차가 발생치 않도록 해라.

알겠습니다. 더욱 열심히 노력하는 한 해가 되도록 하겠습니다.

혼 1

　혼이란 큰 것이다. 크기만 한 것이 아니고 넓은 것이기도 하며 이 넓은 것으로 인하여 없는 것이 없는 세계이기도 하다. 모든 것이 갖추어짐으로 인하여 이 혼에서 우러나오는 것은 또한 없는 것이 없다.

　이 혼은 우리 모두에게 생활의 지침이 되기도 하고 삶의 방향을 제시하기도 하는바, 이 혼에서 지금껏 닦아온 모든 지혜와 수련 과정이 나오는 것이다. 혼이란 멀리 있는 것도 아니요, 가까이 있는 것도 아니며, 그 자체가 곧 나, 내가 곧 혼인 것이니, 이 차이는 깨닫고 못 깨닫고의 차이이며 그 외의 아무것도 아닌 것이다.

　혼을 알면 우주를 알게 되고 우주를 알면 온 세상의 이치가 한눈에 보이는 것이지, 세상의 이치가 다 보이고 나서 우주가 보이는 것은 아닌 것이니, 서둘러 우주도 알기 전에 세상의 모든 이치를 밝히려 하지 말 것을 요한다.

　세상은 우주의 뜻이 표현된 것이니만큼, 그 자체로만 해석하려

다가는 많은 우를 범하게 되는 것이니, 현상계의 많은 역학자들이 해석의 곤란을 겪는 것은 우주의 이치를 모르고 부분에 집착했음이다.

우주의 원리는 우선 세 가지로 나뉜다. 첫째, 크다. 둘째, 흐른다. 셋째, 돈다. 모든 것이 움직이게 되어 있으며, 그 움직이는 정도나 방향에 따라 오만 가지 현상이 나타나는 것이니, 같지 않은 것이 또한 우주의 법칙이기도 한 것이다.

아무리 비슷해도 같지 않으며 아무리 같게 만들어도 또한 같지 않음은 우주의 법칙상 선후의 구별이 분명히 있기 때문인 것이다. 수련은 이 같지 않은 서열의 등급을 바꾸어 차츰 상부로 올라가고자 함이니, 일평생 열심히 노력한다면 3,000세계 중 2,700칸 정도 상승이 가능하다고 할 수 있다.

현실에서 가끔 갑자기 튀어나온 것처럼 보이는 경우가 없지 않으나, 그 역시 모든 과정을 밟아서 온 것이지 갑작스럽게 생기는 경우는 없는 것이다.

혼의 실체는 무無이며 공空이기도 하고 또한 유有이기도 한 것이니, 우주와 하늘과 모든 것을 연결시킬 수 있는 것이 혼이라고 할 수 있다. 혼의 과정은 차츰 나올 것이니 앞으로는 수련 시 혼에 집중토록 하라.

감사합니다.

실천

　아는 것은 실천을 함에 그 의의가 있다. 아는 것을 알고만 지내는 것은 의미가 반감된다. 이제까지는 아는 것만으로도 장한 단계였으나 이제부터는 아는 것을 행동으로 옮겨야 그 뜻이 있는 단계로 바뀌는 것이다. 하나하나 행동화할 수 있도록 하라.
　정성이 필요하다. 어떤 행동도 정성이 있음으로써 그 의미가 부여된다. 정성이 없는 행동은 그 자체가 몸의 움직임에 따른 마음의 뒷받침이 되지 않는 것이므로 그만큼 효과가 없는 것이다. 아무리 작은 일이라도 정성으로 임하도록 하라.
　사람이란 무릇 실수가 있을 수 있다. 허나 실수란 것은 이해가 가능한 범위를 넘지 않아야 한다. 이해 가능한 범위 내에서는 실수가 아닌 것이다. 모든 행동에서 차차 실수가 없어지도록 하라.
　의식적으로 잘못하는 일은 상당히 줄어들 것이나 실수조차 없어야 한다. 작은 것에서 챙길 것을 분명히 챙기면 실수가 없을 것이다. 가급적 주변 사람들과 마찰을 삼가되, 부득이 마찰이 될 때는 양보하라.

무엇이든지 나서기보다 스스로 깨닫게 하라. 큰 깨달음은 어느 날 갑자기 오지 않는다. 작은 깨달음이 쌓이고 쌓여서 큰 깨달음이 되는 것이다. 남들에게도 기회를 주어라. 기회를 준 이상 그 다음은 그 사람의 책임이다.

인간은 원래 불완전한 상태이다. 모든 것이 완전할 수는 없으나 가급적 완전에 가까운 해답이 나올 수 있도록 모든 면에서 노력하라. 모든 것은 노력한 만큼 돌아오는 것이니 그 이상 바라는 우를 범하지 않도록 하라.

9
기회란

  모든 일을 하는 것에는 때가 있음이니 이 때를 알면 모두 알았다고 할 수 있다. 이 때는 본인의 본성이 가장 깊게 원하는 순간이 있음이니, 이 본성은 모든 것을 알고 있음이다.
  본성과 확실한 접근이 되지 않은 상태에서는, 욕심이 앞을 가려 때가 오지 않았음에도 온 것으로 생각하거나, 때가 왔음에도 오지 않은 것으로 생각하여 일을 그르치기 쉬우니, 이 때의 중요함은 어떤 일에도 미치지 않는 바가 없다고 하겠다.
  속(俗)에서 견성 이전에 때를 알기 위해서는 가장 먼저 마음을 가라앉히는 것이 중요한바, 가라앉히는 방법은 호흡이 그 첫째이다. 호흡도 가라앉지 않은 단계에서는 판단을 유보함이 좋다.

 10
잘난 여자들이 짝이 없는 이유

상당한 수준의 여자들이 짝이 없는 것은 어째서인지요?

　　　본인이 원치 않기 때문이다. 본인이 원한 것이 그게 아니었기 때문이다. 적어도 본인이 50% 이상 원해야지 그 이하의 정성으로 원한 것은 그 이하로 오게 되어 있다.

　여자에게 남자는 하늘과 같은 존재이거늘 어찌하여 작은 정성으로 구할 수 있단 말이냐. 보통의 여자들은 자기 자신을 알고 남자를 원하므로 그 원하는 정도가 80~90%까지 되는바, 얻게 되는 것이고, 잘난 여자들은 일이 그 여자의 가슴에서 많은 양을 차지한 탓에 가장 중요한 이성(남자)이 차지할 곳이 없어진 까닭이니라.

　여자로서 빼어남은 속의 기준으로 볼 때는 불행에 가까운 길을 걸을 수도 있으나, 그 자체가 큰일을 할 수 있는 여건 조성에 기여하는 바도 있으므로, 본인이 판단하여 부족함이 없으면 모든 것이 부족한 것이 없는 것이니라. 기회로 알고 큰일을 할 수 있도록 하라.

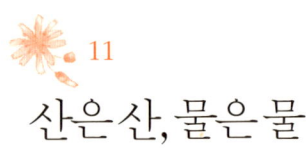

산은 산, 물은 물

'산은 산, 물은 물'이란 어떤 뜻인지요?

　　우주의 법도를 그대로 풀어놓은 것인바, 인간 세상에서 적용되는 말이라고 할 수 있다. 작은 진리 중의 하나이며 큰 법에 가면 산도 물이요, 물도 산이니 산도 물도 없는 것이다.

　있는 그대로 보는 단계에서는 '산은 산일 뿐이고, 물은 물일 뿐'인 것이니, 욕심으로 눈이 먼 인간들에게 일깨워주는 말로는 상급에 속하는 것이라 할 수 있다.

　모든 것의 참모습은 산도 물도 아닌 것이며 '산은 산이고 물은 물'이라 함은 산에 매이고 물에 매여 그 단계에 머물러 있음을 뜻하는 것이라 할 수 있다. 의식의 깨임이 커지면 산의 뒤, 물의 뒤가 보이는 것이니 그곳에는 무엇이 있다고 생각하느냐?

모든 것이 있을 수 있고, 모든 것이 없을 수도 있을 것 같사옵니다.

　　모든 것이 있지도 없지도 않은 곳, 무경계의 상태이니라. 어떤 개념상의 구분도 필요 없으며 있고 없음도 없는 곳, 그곳이 우주이거늘, 인간의 사고방식으로 빠져나가는 중간 단계에서는 '산은 산으로, 물은 물'로 보는 것이 또한 필요한 것이니, 끝이 아닌 중간 단계의 화두쯤으로 생각하면 될 것이다. ○○은 그릇이다. 참으로 완성에 미치지 못하여 아쉬운 그릇이니라.

열심히 노력하겠습니다.

그래라. 너는 가하다.

감사합니다.

・・・・・
항상 어떤 일이 작든 크든 기쁨으로 맞아라.
이 일은 기쁨으로, 저 일은 슬픔으로 맞이함이
수련자에게 옳은 일은 아니다. 언제나 기쁨으로
모든 일을 맞이할 수 있도록 하라. 작고 소소한 것이 참으로 기쁜 일이어야 하거니와,
그런 속에서 기쁨을 찾아내는 법을 배워야 한다.

혼 2

혼은 어떤 의미인지요?

하늘의 줄인 말로서 우주, 하늘, 땅, 그 사이의 인간과 만물(삼라만상)을 일으키고 지우는 모든 작용까지 포함하여 일컫는 말이다. 이 혼에 대한 깨달음은 우주의 깨달음이니, 이것이 즉 완성이니라.

인간으로서의 완성이 아니라 우주의 완성인 것이다. 우주의 완성에 비하면 인간의 완성은 한낱 티끌에 지나지 않는 것이니, 인간의 완성에 달한 사람도 드문 형편에 우주의 완성은 어디까지 가야겠느냐?

빠르지도 늦지도 않게 지속적으로 노력함만이 곧 우주의 완성에 갈 수 있는 것이니, 꾸준히 노력함만이 모든 것을 가능케 할 것이다. 끈기와 인내와 용기로 가능할 것이다.

모든 것은 노력으로 시작되고 노력으로 끝난다. 노력이 없이 무엇이 가능하다고 생각하느냐?

없을 것 같사옵니다.

    노력해라. 노력만이 가능케 할 것이다.

 13
수련의 집중시간

수련의 집중 시간은 어느 정도가 좋은지요?

　사람에 따라 다르다. 수련 단계가 높아감에 따라 시간이 길어진다. 그렇다고 하루 종일 수련만 해야 하는 것은 아니고 집중이 깊으면 그만큼의 효과가 나는 것이니 시간보다 집중에 유의토록 해라.

　보통 30분이고 대개 1시간이나 단계가 높아질수록 집중의 시간이 길어질 것이니 가급적 집중된 상태를 놓치지 않도록 하라.

　진도는 앞으로 퍽 더디게 나아갈 것이다. 초급 과정과 중, 상급 과정이 같을 수 없는 것이니, 깨우침이 오는 것과 진도는 반비례한다고 보면 될 것이다.

　항상 성의를 다하고 놓치는 일이 없이 하나하나 마무리 지으며 나아가되, 이미 지난 것에 대한 미련은 소용이 없다.

　현재 상태에서 최선을 다하여 미련이 남지 않도록 할 것을 요한다. 하고 싶은 것을 하고 살아야 미련이 없다. 열심히 살면 미련이 없고, 미련이 없어야 뒤끝이 깨끗해 수련에 들기가 쉽다.

   항시 정리를 완벽하게 할 수 있도록 하고 완벽한 정리가 되지 않을 때에는 다소 진도를 늦추더라도 정리 후 나아갈 수 있도록 해야 한다.

마음이 흔들리는 것

수련 중 유의해야 할 점은 어떤 것이 있는지요?

　　마음이 흔들리는 것을 가장 유의해야 한다. 마음이란 원래 뿌리가 없는 것이어서, 조금만 방심하면 끝없이 먼 곳으로 날아가 버리기도 하고 다시 돌아오지 않기도 한다. 마음이 흔들리는 것은 모든 망조의 시작이기도 하니라.

　마음이 흔들리는 것은 두 가지가 있는바, 본연의 자리로 들어가고자 흔들리는 것과 자신의 현재 위치에서 밖으로 뛰쳐나가고자 흔들리는 것이 있다.

　본연의 자리로 들어가고자 흔들리는 것은 참으로 긍정적이고 수련생에게 큰 진전이 있는 것으로서, 속俗에서 구한 것을 하나하나 버리는 데서 오는 흔들림이요, 이 흔들림은 원래 가운데에서 태어난 사람이 없는 고로 정도의 차이일 뿐 누구나 도의 길에서 겪게 되는 것이다.

　이와 반대로 밖으로 뛰쳐나가고자 흔들리는 것은 수련 진도에 따라 안으로 쏠리는 힘의 반反탄력인 경우와 근본적으로 본연의 자리에서 이탈하여 나가려는 경우가 있다.

마음이 자리 잡히면 모든 면에서 차츰 아침 안개 내리듯 가라앉게 되어 주변의 사물이 맑게 보이게 되나, 중간에 번뇌에 싸일 때는 주변의 모든 것들까지 함께 번뇌에 싸이게 되므로, 기준조차도 애매해져서 아무리 판단을 해도 바른 판단이 되지 않는 것이다. 기준까지 흔들리므로 재볼 자를 갖다 댈 곳이 없는 까닭이다.

수련에서 마음이 흔들리는 이유는 두 가지가 있다. 하나는 내부에 있고 하나는 외부에 있는바, 내부에 있는 것이나 외부에 있는 것이나 결국 하나이기는 하나, 들어오는 방향이 다르므로 이에 대한 대처 방법이 달라야 한다.

내부에서 오는 것은 호흡으로 통제가 가능하다. 외부에서 오는 것은 호흡과 의지가 필요하고, 내외부에서 함께 몰아쳐오는 것은 호흡과 의지와 모든 수단이 총동원되어야 한다.

이런 경우를 고비라고 하는바, 이 고비를 많이 넘길수록 큰 깨달음에 가까이 갈 수 있는 것이다. 수련에서 머무름은 곧 퇴보이니 항상 일정한 수련을 할 필요가 있다. 우주는 발전하는데 자신은 서 있으니 저절로 퇴보가 되는 것이다.

퇴보는 절대 있어서는 안 된다. 진도의 차이일 뿐 항상 진전은 되어야 하는 것이다. 작은 성취라도 하면서 가야 하는 것이다. 항상 진전을 생각하는 것이 아니고 단전에 집중하여 의식을 가라앉히는 것이 곧 진보이니, 그렇게 하도록 하면 진보는 저절로 될 것이다.

　대자유는 극한의 인내와 고통의 문을 겪고 나서야 얻을 수 있는 것임을 안다면 평소 그 준비에 어찌 소홀할 수 있겠느냐? 항상 의식을 잊지 않도록 하여라.

알겠습니다.

15 남녀 관계

남녀 관계는 어찌해야 하는지요?

맺고 끊음이 분명해야 한다. 수련에 든 이상 상대는 기적氣的으로 판단하고 후에 영적靈的으로 판단해야 하며 그 후엔 심적心的으로 판단해야 하는바, 우선 기적으로 인연이 아니면 영적으로나 심적으로 인연이 될 수가 없다.

기적으로 '예', '아니오'는 만나는 순간 판명된다. 일단 싫으면 아닌 것이다. 참인연은 그저 그렇다고 생각하는 정도에 있다. 첫인상에 그저 그렇다는 것은 오래 갈 수 있고 서로 지치지 않을 수 있는 기준이 된다. 보자마자 너무 마음에 드는 것도 역시 마음에 안 드는 것과 대동소이한 것으로서 기적으로 일치하기가 쉽지 않다. 그저 그래서 별 감응이 없는 상대가 인연이라고 할 수 있느니라. 오늘은 질문이 왜 그러냐?

별 뜻은 없사옵니다.

번뇌 1

번뇌의 원인은 무엇인지요?

　　　욕심이다. 욕심이 줄어들면서 서서히 번뇌의 원인이 줄어들게 된다. 번뇌가 심할 때는 가급적 모든 일을 잠시 중지하고 멈춘 상태에서 가만히 가라앉히는 것이 좋으나, 계속 번뇌가 끓어오를 때에는 선배의 도움이 가하다. 허나 선배의 도움을 받는 것은 가급적 안 하는 것이 좋으며 필요해도 최소한도에 그치도록 함이 좋다.

　모든 좋은 일도 결과가 옳게 나타나지 않았을 때는 다 번뇌의 원인이 된다. 번뇌가 없기 위해서는 동기나 실행 과정, 결과, 그 주변의 모든 것들까지 자연스럽게 무리 없이 돌아가야 하는 것이며, 어느 것 하나 정상적인 운용이 안 된다면 역시 번뇌의 원인이 될 수 있다.

　업이 많으면 번뇌도 많게 되어 있다. 원래 선한 의도로 착수했으나 결과가 이에서 벗어나는 경우, 이는 업으로 인한 것으로서 다시 손대지 않는 것이 좋다. 악연이 아니라면 모두 바른 길로 가게 될 것이니 그 때 가서 판단하면 될 것이다.

17
번뇌 2

번뇌는 무엇인지요?

　　과정이다. 모든 것의 과정이 번뇌이다. 어떤 깨달음이 올 때마다 그 전 단계에 찾아오는 것이 번뇌이다. 따라서 번뇌는 우리 수련생에게 양식이자 또한 극복해야 할 과제이기도 한 것이다.

　번뇌 앞에 무릎 꿇으면 다시 일어날 생각은 않는 것이 좋다. 번뇌는 가장 친해야 할 친구이며 가장 멀리해야 할 적이기도 한 것이다. 번뇌는 모두 자기의 것이다.

　하나씩 하나씩 떠남에 있어 깊은 뿌리를 거두어 들고 떠남이 그리 단순치는 않다. 번뇌가 없으면 깨달음도 없다. 번뇌가 오므로 우리의 도의 길은 한층 차원을 달리할 수 있고, 작든 크든 하나씩 극복을 하므로 먼 길을 갈 수 있는 영양소도 되는 것이다.

　번뇌를 두려워하면 수련에 들 자격이 없다. 평상平常으로 돌아가라. 평상에서는 번뇌를 특별히 구별해서 보지 않으므로 그것이나 저것이나 모두 같은 범주에 넣고 보게 되어 한결 견디기가 쉬울 것이나, 수련에서는 번뇌를 구별해서 보므로 괴로운 것이다.

  무아無我는 진眞이라고 생각하나 번뇌와 무아는 한 손바닥과 손등의 차이이니 따로 떼어 놓고 볼 수 있는 것은 아니니라. 번뇌에 대해 잘 생각해 보도록 하라.

체력 관리 1

체력 관리는 어찌해야 하는지요?

　　우선 잠을 충분히 잔 후, 운동을 가볍게 하고 식생활은 양은 적되 충분한 영양이 있는 것으로 하도록 하라. 육류건 채소류건 관계없으나 영양소의 균형은 필요하다. 평소 식생활에서 균형을 맞출 수 있으면 그것으로 체력 관리에 별 어려움이 없을 것이다.

　공부 중에는 절대 호흡에서 멀어지면 안 된다. 호흡에서 멀어지면서도 되는 공부는 없다. 반드시 호흡을 함께 해야 갈 수 있을 것이다. 모든 것이 호흡에서 떠나면 안 되나 공부는 특히 그러하니 반드시 호흡을 하면서 갈 수 있도록 하라. 호흡에서 뜨면 안 된다.

운동은 어느 정도 해야 하는지요?

　　먼저 머리, 팔, 다리, 옆구리, 손, 발 등을 각각 30회씩 움직이면 될 것이다. 차차 증가시켜 나가되 너무 많이 하는 것도 좋은 것은 아님을 명심토록 해라.

번뇌 3

번뇌를 대하는 마음가짐은 어때야 하는지요?

즐거워야 한다. 번뇌는 수련자에게 일용할 양식이니 번뇌가 옴이 어찌 즐겁지 않을 수 있겠느냐?

수련이란 무아경에서도 진전되지만 번뇌에 의해 진전되는 부분이 훨씬 더 많은 것이다. 수련의 적인 것 같아도 가장 가까운 수련의 동지이기도 하니, 번뇌의 의미를 모르면 수련의 진도가 없다고 할 수 있다.

번뇌는 잡념과 구별된다. 단순한 주변 잡사에 이 생각, 저 생각 시간을 낭비하는 것은 수련에 전혀 도움이 되지 않는 것이나, 어떤 한 가지 사안에 대해 골똘히 고민에 싸인다면 이것은 번뇌라고 할 수 있다.

수련 이외의 속俗의 일로 깊은 고민에 싸이는 경우는 번뇌인 경우와 번뇌가 아닌 경우가 있다. 때로는 '테스트'인 경우와 수련에 가속도를 붙이기 위한 경우, 일정 단계를 넘기 직전 단계에서는 더욱 큰 번뇌가 오며, 넘으면 잠시 허한 상태가 되었다가 안정이 되니 이 무렵 주의를 요한다.

　깊은 번뇌의 끝은 나락이다. 나락을 경험하고 난 후 진정한 평정을 알 것이다. 항심이란 조금의 요동도 없는 아주 편안한 상태이니, 그 상태까지 가기 위하여 많은 고비를 넘겨야 할 것이다.

번뇌 4

번뇌를 피하는 방법은 어떤지요?

옳지 않다. 번뇌는 정공법으로 깨야지 이리저리 피한다고 되는 것은 아니다. 그런 식으로는 피할 수도 없을뿐더러 계속 뒤에서 따라다니니 언제까지 도망을 할 수 있다고 생각하느냐?

항상 이 도의 길에서는 맞부딪쳐 깨고 나감이 가장 효과적인 방법이 되는 것이다. 맞부딪쳐 깨 나가는 법을 제대로 익히면 세상에 두려울 것이 없다. 어느 것이든 깨고 나가는 법이 알아지기 때문이다.

잡념이 올 때는 그 잡념을 더욱 깊이 생각해라. 생각이 안 나면 다른 생각이 날 것이니 그 생각도 역시 그렇게 해라. 계속 그렇게 하다 보면 결국 들어가는 곳이 자신의 자리가 될 것이다. 언제나 깊이깊이 들어갈 수 있도록 하면 많은 도움이 될 것이다. 잡념은 정공법으로 깨도록 하라.

21
수련의 목적

수련의 목적은 어디에 두어야 하는지요?

　　수련의 목적은 깨달음이다. 깨달음이란 본래의 자신의 위치에 대한 각(覺)이며 온 우주의 이치에 대한 각이다. 이 각은 이 세상 만물에 대하여 알 수 있는 각이며 어느 위치에서든 모두 통하는 각이다.

　각을 이루고 나면 그 후엔 조정의 역이 부여된다. 도의 길을 펴는 것도 조정의 역 중의 하나이다. 부족한 것을 남는 것으로 메우고 골라서 모두 평안토록 만드는 것이 조정의 길인바, 이 조정은 일찍이 하기보다는 온 우주의 이치가 보이게 된 후에야 족, 부족이 정확히 보이므로, 그 때 가서 함이 정확하고 업이 되지 않는다. 가르친다는 것은 그만큼 어려운 것이니라.

제가 지도하는 것은 어떤지요?

　　너는 이미 일부의 각을 이루었으므로 그 범위 내에서 전수가 가능하다. 사람의 운명은 거의 미리 정해진 부분이 많으며 그 범위 내에서는 변경이 불가하다. 정해지지 않는 부분은 노력으로 가한 부분이니 그리 알고 있도록 해라. 갈수록 많은 노력이 필요할 것이다. 수련에 깊이 듦이 좋을 것이다.

깨달음

깨달음은 필요한 것인지요?

필요하다. 인간으로 태어나 깨달음이 없다면 동물이나 식물, 무생물에 비해 다른 것이 없을 것이다. 왜 갑자기 그런 생각을 했느냐?

그런 생각이 문득 든 것이옵니다.

수련이 하기 싫어졌더냐?

그것은 아니옵니다.

그럼 무엇이더냐?

깨달음의 궁극적인 목적에 대해 알고 싶은 것이옵니다.

깨달음이란 그 자체가 목적이다. 이 목적은 어떠한 경우에도 수단시 될 수 없는 목적인 것이다. 단계의 맨 마지막에 위치하여 이 단계에 도달하면 더 이상은 가나 안 가나 같은 단계니라.

  반드시 한 번 추구해 볼 가치가 있는 목표이니 확실히 모르는 단계에서 회의를 갖는 것은 당연하나 정진은 멈춤이 없도록 하라.

알겠습니다.

23
수련의 방법

수련의 방법은 어떤 것이 있는지요?

　　자동법과 타동법이 있는 것은 맞다. 자동법과 타동법의 근본이 호흡과 다른 수단에 의한 것도 맞으나, 모든 것의 근본은 호흡이며 주문이나 부적 등은 자동법이 불가하거나 인연이 되지 않는 사람들에게 사용하는 방법이다.

　모든 것의 근본은 호흡에 있고, 자동법이 가장 정상적인 방법이며 타동법이란 자동법의 보조적인 방법이므로, 같은 수준에서 비교될 수 있는 방법이 아님을 알 수 있을 것이다. 주主는 호흡법이고 부副는 기타 수법修法이 모두 포함되며, '자동+타동'의 단계는 중간에 그치는 일부의 과정이니라.

　근본을 깨달음에 두면 모든 것의 경험하에 과정이 진행되나, 근본을 술術에 두면 순간 깨달은 것 같아도 깨달음이 아닌 것이니 잡술에는 연연치 않는 것이 좋다.

　자연 역시 마음을 가지고 있으니 인간의 큰 마음이 자연을 움직이는 것은 당연한 것이고 이상할 것도 없는 것인바, 인간이 스스로 한계를 그어 그 한계 내에서만 가능하다고 하는 것은 인간의 실수인 것이다. 호흡의 주된 목적은 그 자체가 깨달음이다.

24
나라의 운명

앞으로 나라의 운명은 어찌 되는지요?

그것까지 네가 걱정할 문제이더냐? 자신의 일도 해결되지 않은 상태에서 그 이상의 일을 생각하는 것은 자신의 일에 대한 해결까지도 더디게 하는 일인 것이다.

자신의 일이 모두 해결되고 나서 가까운 주변부터 걱정을 해나가면 되는 것이지, 현 단계에서 나라가 어떻고 하는 것은 어불성설이라고 할 수 있느니라.

사람이 문득 그런 생각이 들 수 있으나, 모든 것은 네가 중심이 되어 돌아가므로, 네가 편하게 잘 나가면 모든 것이 함께 잘 나갈 수 있는 힘의 일부를 네가 제공하는 것이 되어, 더욱 잘될 수 있는 것이다. 그러나 스스로 향상되려는 노력은 접어둔 채 뜻만 있은들 그게 어디 누구에게 도움이 되는 짓이더냐?

분수란 몸과 마음 모두에 맞아야 한다. 수련이 진전돼 나감에 따라 모든 것이 분수의 범위 내에서 흐트러짐이 없어야 할 것이며,

그 벗어나지 않음이 편안해야 할 것이니라.

　자신의 문제에 전념토록 해라. 지금은 다른 곳에 신경 쓸 여유가 없느니라.

알겠습니다.

25
인간의 삶

인간의 삶은 어때야 하는지요?

발라야 한다. 무엇이든 바르게 살고 나서 그 다음이 오기를 기다려야 한다. 바르다 함은 마음에 걸리는 바가 없어야 한다는 것이다. 걸리지 않음은 가식이 아닌 진심이어야 하고, 생각나지 않아 걸리지 않는 것도 생각지 못해 걸리지 않는 것도 아니어야 한다.

죄는 인간 세상의 법에 의한 것보다 양심에 의한 것이 더 크다. 양심에 의해 죄가 되는 것은 평생 갚아도 못 갚는 경우도 있기 때문에 결국 업이 될 수가 있다. 도의 길을 가기 위해서는 양심을 항상 바르게 가져야 한다.

쉽다고 정도를 피하는 것이나 요령을 구하는 일은 도의 길에 든 사람으로서는 삼가야 할 일이니, 돌아가지 않는 데서 점차 양심이 생겨나기 때문이다. 마음에서 양심이 있고 행동으로 나타나는 경우와 몸을 바르게 움직여 양심을 세우는 두 가지 방법이 있으니 모두 병행함이 좋을 것이다.

인간 세상의 일

인간 세상의 일에는 어떻게 관여해야 하는지요?

관여할 것 없다. 주변에 기존의 인연이 얽혀 있어 부탁이 들어오는 일은 성의껏 돌보아주되 불필요한 인연은 만들 필요 없다. 더욱이 이제껏 관여해오지 않았던 일들에 대해 지금부터 새삼스레 관여를 시작한다면 타인에게 불필요한 부담을 지게 하는 경우가 있을 것이다.

모든 것은 본인이 스스로 해결해야 하는 것이니만큼 작은 것에서 본인이 중심이 되어 처리할 수 있도록 하라. 본인이 본인의 문제에 대해서는 가장 확실한 법이니, 본인의 일에 대해 남의 조언을 기대하거나 남의 일에 대해 본인이 조언을 하는 것은 삼가는 것이 좋으나, 타인의 진로에 도움이 되는 방향의 조언은 가하다.

이 경우는 본인이 방향을 확실히 정하고 있을 때이며, 본인 자신이 스스로 방향을 정하지 못하고 있을 때는 방향에 대한 조언은 안 하는 것이 좋다.

누구도 대신 책임을 져줄 수는 없다. 모든 것은 본인에게 귀착된다. 본인이 풀어가도록 유도하라.

호흡 1

호흡에 생각을 실어라.
호흡에 마음을 실어라.
호흡에 모든 것을 실어라.
호흡에 너를 실어라.
호흡에 네 인생을 실어라.
호흡에 너의 모든 것을 실어라.
호흡에 네 자신을 실어라.
너를 실으면 지구가 실린다.
너를 실으면 우주가 실린다.
호흡에 호흡을 실어라.
호흡에 호흡을 실어라.

기쁠 때나 슬플 때나 모든 것을 호흡에 의지하라.
어떤 것도 해결할 수 있는 방법은 호흡에서만이 나올 수 있다.

호흡은 천지창조의 근원이며 대자연 유지의 근원이기도 하니라.

모든 것이 호흡에서 태어났고 모든 것이 호흡의 끊김에서 사라져 갔다.

호흡에서 이루어지고 호흡에서 사라지는 모든 것들이 생성되고, 소멸되는 단 하나의 이유는 호흡이 있고, 없고의 차이이다.

호흡의 중요성은 아무리 강조해도 지나침이 없으며 이 호흡으로 인해 도의 길도 진전이 있게 된다.

호흡의 길에 들어서기만 하여도 모든 것은 저절로 풀리게 되며 저절로 결실이 맺어지게 된다.

호흡은 우주, 대자연, 바로 그 자체이니라.

앞으로는 일상과 호흡을 함께 함으로 언제나 진전이 있는 방법을 배워라.

감사합니다.

호흡 2

호흡을 타고 다녀라.
호흡은 어느 것보다 뛰어난 운반이 가능하다.
호흡과 함께 다녀라.
호흡은 누구보다 가까워, 오히려 나와 하나가 되어야 할 친구이다.
모든 것을 호흡과 함께 해라.
식사도, 잠도, 웃음도, 모든 것을 호흡과 함께 해라.
호흡에서 뜨면 수련에서 뜬다.
호흡을 놓치면 수련을 놓친다.
호흡을 잡으면 모든 것은 절로 된다.
세상에 호흡하는 노력만으로 이만한 결과가 오는 일은 없다.
호흡을 잡아라.
호흡을 놓치지 말아라.
호흡만이 가능하다.
호흡만이 만능인 것이다.

호흡 3

어떤 일을 할 때는 호흡으로 밀어라.
호흡으로 밀면 안 되는 일이 없다.
호흡의 힘은 너희들이 생각하는 이상이다.
호흡은 너희들이 원하는 모든 것을 해줄 것이다.
호흡과의 인연은 아무에게나 오는 것이 아니다.
숨을 쉰다고 호흡이 아니요, 내보내고 들이쉰다고 호흡이 아니다.
호흡이란 그 들숨과 날숨에 기운이 실려야 한다.
그 호흡에 우주의 기운을 실을 수 있어야 하며,
호흡에 우주 기운을 실으면 모든 것이 이루어질 수 있다.
단, 원하는 것은 바른 것이어야 한다.
바른 것이란 정正의 방향이라는 뜻이다.
정의 방향은 인류의 소망이 담긴 방향이며 이 정향은 앞서기도 하고 뒤에 서기도 하는바, 어느 방향이든 원하는 방향이 된다.
어떤 목표가 정향인지는 자신이 무심의 상태에 들어 거리낌이 없는 상태에서 호흡으로 밀면 문은 열리게 되어 있다.

수련에서의 호흡이란 파워가 실린 호흡을 말하며, 이 호흡은 중간 단계를 넘어서야 체득할 수 있다.

호흡이 경지에 오르면 인간 세상의 모든 일은 순리대로 가게 되어 있다.

즉, 우주의 리듬을 탄다는 뜻이다.

우주의 리듬은 굉장한 파워를 지니고 있는 것으로서 밀고 당김이 항시 일정하다.

진퇴를 가리고, 나설 때와 삼갈 때를 아는 것, 이것이 수련의 기본 목표이다.

나설 때와 들어설 때를 알고 거기에 맞추어 호흡을 하면 모든 것이 순리대로 돌아간다.

나설 때는 들숨을 길게, 들어설 때는 날숨을 길게 하면 모든 것의 균형이 유지될 것이다.

균형이 유지된다 함은 진퇴의 시기에서도 흔들림이 없이 자신의 자리를 지킬 수 있다는 뜻이다.

이 경지에 이르면 항상 흔들리는 배에서 육지를 보는 것이 아니고, 반석에 서서 모든 것을 내려다보게 되므로 어떤 고난에도 흔들림이 없다.

수련자의 기본적인 마음가짐은 이 흔들림이 없어야 한다는 것이다.

아주 작은 흔들림도 없으면 더욱 우주의 이치가 맑게 보일 것이다.

　도道란 결코 멀리 있는 것이 아니고 내 안에 있으며, 내 안에서 이 흔들리지 않는 위치를 찾아야 한다.

　이것은 스승도, 선배도 불가하며 오직 본인만이 가능하다.

　스승이나 선배는 이 자리까지 오기 위한 방법을 가르쳐 줄 뿐인 것이다.

　항상 찾아도 보이지 않으나 결정적인 손길에 보이게 된다.

　그렇게 될 때까지는 반드시 스승이나 정도를 걷는 도반이 필요하다.

　도반이 스승일 수 있고 스승이 도반일 수 있으며 만물이 스승일 수 있음이다.

감사합니다.

30 천서 공부

천서는 언제가 끝인지요?

　천서는 끝이 없다. 어찌 우주의 의미를 글로 다 표현할 수 있다고 생각하느냐? 한순간에 깨치면 모든 것이 다 필요 없으나 그전까지는 계속 내려올 것이다. 모든 수련 중 가장 좋은 방법이 천서 수련이니 이것으로 우주의 뜻을 가장 정확히 받을 수 있는 까닭이다.

　천서 공부에 들 수 있음은 상근기라야 가능하다. 지도로 되는 것도 아니요, 수련으로 되는 것도 아니다. 천서 수신이 가능한 사람은 반드시 전달을 할 수 있는 대상을 만나야 하는바, 만나기만 하면 수련 진도는 2배, 3배 가속이 될 것이다.

　받을 수 있는 사람이 없더라도 반드시 매일매일 받아서 정리하는 버릇을 들여야 한다. 천서는 하늘의 글이니 한 자, 한 획이 소홀함이 없도록 잘 보관토록 하라.

　근기란 전생의 공덕이다. 전생의 공덕이 높지 않고는 상근기로 태어나기가 불가하다. 상근기의 몸과 때와 자리를 가지고도 수련 인연이 없음은 인연이 아직 맞지 않기 때문이다. 열심히 노력하도록 하라. 잘될 것이다. 노력해라.

감사합니다.

    뜻을 잘 세우도록 하라.

알겠습니다.

체력 관리 2

무엇이 가장 어려우냐?
　　　수련이 가장 어렵습니다.

수련이 무엇이 어려우냐?
　　　지속적으로 해야 하므로 어렵습니다.

수련처럼 쉬운 것이 어디 있더냐? 그 외엔 무엇이 어려우냐?
　　　문학 공부가 힘드옵니다.

어떻게 힘들더냐?
　　　체력 관리가 문제인 것 같습니다.

어떻게 문제가 되더냐?
　　　'컨디션' 조절상의 문제와 체력의 약화로 인한 정신력의 저하 현상입니다.

호흡으로 해결되지 않더냐?
　　호흡으로 거의 해결하며 기타 보충적인 방법을 사용하고 있사옵니다.

　원래 속(俗)에서의 공부란 체력 싸움이다. 평소 체력 관리에 유의하여 건강을 잃는 일이 없도록 하라. 간단한 운동과 적당한 식사, 공부량의 조절로 가능하다. 항상 호흡을 병행하면 극복이 될 것이다.
　자신의 체력에 대해 너무 의존하거나 무리를 범하지 않는 것이 수련에 도움이 될 것이다. 결국 모든 것들이 수련을 위한 수단적인 가치를 지닌다는 사실은, 무엇을 위해 무엇을 해야 하는가를 말해 주는 것이다. 건강에 유의토록 해라.
　　감사합니다.

호흡 4

 호흡이란 온 우주와 하나가 되는 일이다.
 인간으로서, 개체로서의 자신에서 온 우주의 구성 분자의 하나로 녹아드는 일이다.
 섞여 있어도 분리가 있고, 따로 있어도 혼합이 있다.
 호흡은 인간이 순리에 의한 목표 추구 시 긍정적인 추진력뿐 아니라, 그 자신을 우주의 일부로 포함시켜 주는 작용을 하므로, 그 위력이란 우리가 상상할 수 있는 범위를 넘어선다.
 호흡에서 도출되는 진리는 온 우주를 덮는다.
 이 우주를 덮는 진리는 아주 단순하다.
 그 자신이 바로 우주화요, 명제이다.
 자신이 우주이고 자신이 모든 것이므로 그 이상의 어떤 일이 필요치 않은 것이다.
 항상 가장 중요한 것은 나 자신이며 남이 아니다.
 나를 위한 수단적 가치인 것은 아니나 가장 중요한 것은 나 자신이어야 한다.

'천상천하 유아독존'이라 함은 자신의 중요함을 알았다는 뜻인 것이다.

도道의 모든 공부는 이 단계에서 다시 시작된다.

자신이 가장 소중한 존재임을 알라.

본인이 우주인 것이다.

감사합니다.

혼 3

혼이란 무엇인지요?

　　혼이란 그 자체가 곧 우주로서 그 이상이 없는 것을 말한다. 이 혼에 합류하면 모든 것은 자신이되 자신이 아닌 우주의 일부가 되는 것이다. 이미 우주의 구성원의 일부로서 자신은 있되, 우주로서 존재하는 일부가 되는 것이다. 이 혼의 단계는 인간이 수련으로 갈 수 있는 마지막 단계가 된다.

　이 혼의 단계에서는 어디든 통하지 않는 곳이 없으며, 어디든 가지 못하는 곳이 없고, 어느 것이든 손만 내밀면 잡히게 되나, 타에 영향을 미치는 것은 삼가게 된다.

　항상 모든 것은 이 혼에서 움직이는 것이나, 어느 정도 수준이 되지 않으면 이 혼에서 한 단계 밖에서 돌게 된다. 이 한 단계 밖도 역시 혼이긴 하나 그 영향력에 차이가 있다.

　근기란 이 혼에 얼마만큼 가까이 가서 출생하느냐 하는 것으로서 이 근기에 따라 혼의 본류에 합류할 수 있는 시간이 단축된다.

월선越線이 가능하기는 하나 이것은 혼에 의해서이지 본인의 뜻에 의한 것은 아니다. 혼의 세계는 먼 것 같아도 정성으로 가면 금생 안에 도달할 수 있는 곳이기도 하다.

감사합니다.

  열심히 해라.

그리하도록 하겠습니다.

수련 1

수련은 인간에게만 필요한 것인지요?

　　　인간이 아닌 다른 것들은 스스로 본래의 리듬을 타고 있다. 인간과 우주는 스스로 리듬을 만들어서 진전한다. 우주는 모든 것의 시작이자 끝이어야 한다. 시작이자 끝이라 함은 우주에서 태어나 우주의 중심 쪽으로 들어가야 한다는 것이다.

　우주는 자체에서 필요한 힘을 인간에게서 뽑아 쓴다. 인간은 우주의 본심을 알 수 있는 가장 가까운 존재이기 때문이다.

　우주에는 수많은 인류가 있으며 물질문명은 아무리 높아도 정신문명의 수준을 따라가지 못한다. 물질적인 것은 근본적인 것 이외의 지식이나, 정신적인 것은 근본적인 것인 까닭이다. 근본에의 진입은 물질에 대한 아무런 인식이 없어야 곧바로 가하나 물질은 아무리 수준이 높아도 근본에 진입이 불가하다.

　수련은 우주와 하나가 되고자 하는 인간들이 하는 것이다. 우주인들 중에도 수련을 하는 경우가 많이 있으나, 참된 수련을 하는 경우는 지구와 비슷하다고 할 수 있느니라.

감사합니다.

호흡 5

호흡하라.
계속 호흡하라.

지속적으로 호흡에 빠져라.
호흡을 놓치지 말아라.
호흡에 모든 것을 얹어라.
모든 것을 실어라.
너 자신까지 실어라.

호흡에 밀려라.
호흡을 따라라.
호흡을 밀고 간다.
호흡을 이끈다.

호흡과 일체가 되라.
호흡과 한 몸이 되라.

호흡에서 나오지 말아라.
호흡에서 벗어나지 말아라.

호흡과 함께 하라.
호흡과 함께 하라.

36
수련의 중요성

　속(俗)에서 생활하다 보면 해야 할 일이 한두 가지가 아니나, 그중에서도 반드시 해야 하는 것은 수련과 문학이다. 무엇이든 고비에서 밀어붙여야지 고비에서 '템포'를 늦춘다면 보다 확실한 결과를 얻기가 어려울 것이다.

　가장 힘겨운 곳을 다 올라와 놓고 힘이 빠질 때도 되었으나, 아직 남아 있는 힘이 더 많다. 이만큼에서 긴장이 풀어질 것 같아 문학을 하나 더 얹어준 것이다. 최선의 결과를 도출해 내기 위해서는 항상 끊임없는 노력이 필요하다.

　수련을 했으므로 필요 이상 몸이 긴장되거나 하는 일은 없을 것이다. 노력으로 가능한 것이 가장 쉬운 것이다. 인간의 노력으로 모두 되는 것은 아니다. 노력한다고 되는 것은 절반 정도에도 못 미친다. 100% 노력으로 100% 원하던 결과를 얻는 것은 좀 예외적인 경우라고 볼 수도 있다.

　대개는 노력을 안 하는 경우이며, 노력을 해도 결과가 없는 것은 인연이 없는 경우이며, 인연도 있고 노력도 있으면 가능하다. 너는 가고자 하는 길에 인연도 있고 노력도 하니 가능한 것이다.

   수련의 중요성은 단계가 향상됨에 따라 인연이 있는 방향으로 찾아갈 수 있고, 인연이 없거나 약하더라도 만들며 갈 수 있다는 데 있는 것이다. 노력해라.

감사합니다.

유혹 1

다른 모든 것이 그렇지만 특히 수련은 하다가 말다가 해도 되는 것은 아니다. 하기 시작했으면 좋든 싫든 계속해야 하는 것이며 그러는 와중에서 좋은 기쁨, 싫은 기쁨이 얻어지는 것이다.

수련의 고비를 넘을 때마다 명암이 교차하는데, 좋다고 받아들이고 싫다고 안 받으려 한다면, 좋고 나쁨이 손바닥과 손등처럼 하나인데 어찌 수련이 되느냐?

수련으로 인한 모든 것이 마침내 깨달음의 문 앞에 섰을 때에는 또 하나의 짐이 되는 것인데, 어느 단계에서 짐을 많이 지는 것은 삼가야 할 일 중의 하나이니라.

필요한 만큼 얻었으면 일어나 다시 걷는 지혜가 필요한 시점이다. 아무리 달아도 한 그릇, 아무리 써도 한 그릇이니 달다고 먹고 쓰다고 뱉는 것은 도의 길이 아닌 것이다.

가장 좋은 것이 가장 큰 유혹임을 알고 이제는 다시 일어나 길을 떠나야 할 것이니라. 모든 것은 수련이니 넘치지 않게 항상 모자란

듯 가는 것이지, 흘려 쏟아가며 가는 길은 아닌 까닭이다. 명심토록 하여라.

알겠습니다.

 38

슬픈 기쁨, 나쁜 기쁨

　항상 어떤 일이 작든 크든 기쁨으로 맞아라. 이 일은 기쁨으로, 저 일은 슬픔으로 맞이함이 수련자에게 옳은 일은 아니다. 언제나 기쁨으로 모든 일을 맞이할 수 있도록 하라.

　작고 소소한 것이 참으로 기쁜 일이어야 하거니와, 그런 속에서 기쁨을 찾아내는 법을 배워야 한다. 기쁜 기쁨, 슬픈 기쁨, 좋은 기쁨, 나쁜 기쁨까지도 모두 터득해야 하느니라.

　좋은 기쁨만 아는 일차원적인 단계에서 벗어나 폭넓은 사고방식을 가질 수 있도록 해라. 우주와 1:1이 될 수 있도록 해라. 인간과 1:1은 인간 크기, 지구와 1:1은 지구 크기, 우주와 1:1은 스스로 우주의 크기가 되는 일이다. 마주할 수 있을 만큼 자신의 크기를 크게 하는 것이 필요하다.

　우주는 당당한 사람을 원한다. 우주 앞에서조차도 당당할 수 있는 사람을 원한다. 부족한 점이 있더라도 그 부족한 점 자체도 당당한 것이어야 하느니라.

인간은 이미 그 자체가 완벽은 아니니 부족함에 너무 집착하지 말고 인정할 수 있는 방향으로 인도하는 것이 편한 길이 될 것이다. 항상 커지기 위해 노력하되 인정할 줄 아는 것이 바람직한 것이니라.

감사합니다.

39
얻음과 버림

　이 세상에는 영원히 버릴 수 없을 것으로 생각되는 것도 있으나 영원히 버릴 수 없는 것은 아무것도 없다. 다만 그 단계에서 그렇게 생각되는 것이나 모두 버릴 수 있는 것들이고 버려야 하는 것들이다.
　한때 이 세상의 모든 것처럼 다가왔던 것들도 그 단계를 지나고 나면 모두 하찮은 것들인 것이다. 버리는 것이 아까울 때는 지니고 있어도 무방하나 버려야 할 단계에 갔을 때는 미련 없이 버려야 한다.
　항상 내 것도 없고 항상 내 것이 아닌 것도 없다. 모든 것은 마음에 있으며 마음에서 가까우면 가까운 것이요, 마음에서 멀어지면 멀어지는 것이다. 언제나 멀지도 가깝지도 않은 중간 지점에서, 놓은 것도 아니요, 잡은 것도 아닌 채 간직할 줄 아는 지혜는 모든 것을 얻을 수 있는 지혜인 것이다.
　언뜻 사라져 버릴 수 있는 것들이 항상 곁에서 맴돌고 헤매게 함은 아직 중심에 들지 못한 탓이다. 수련이 진전되며 자신의 자리에 든다면 있는 것도 아니요, 없는 것도 아닌 상태로 모든 것을 소유할 수 있고, 그 상태로 모두 버릴 수도 있는 것이니, 소유함과 버림이 항시 분리되는 것은 아닌 것이다.

　인간의 개념으로의 소유는 항시 편중된 의사의 지배를 받는 까닭에, 중심으로 가기 위해 버림이 강조되는 것이다. 얻음과 버림 역시 서로 다른 것이 아닌 것이다.

알겠습니다.

　　　알긴 뭘 아느냐?

의미를 알 것 같습니다.

　　　알면 실천을 하도록 해라.

실천을 하도록 하겠습니다.

　　　지켜볼 것이다. 버림과 얻음의 중간 역시 네 마음속에 있느니라. 명심토록 해라.

그리하도록 하겠습니다.

휴일 없는 수련

　수련이란 누구를 위해서 하는 것이 아니다. 바로 네 자신을 위해 하는 것이다. 연휴라고 해서 수련을 쉰다는 것은 잘못한 것이다. 물론 호흡을 계속했다고는 하나 그 이상의 것도 계속되었어야 하는 것이다.

　수련이 한때 멈추었다 계속할 수 있는 것도 아니요, 중도에 쉬며 가도 가능한 것도 아니다. 반드시 쉬는 날도 일정 진도를 챙길 수 있도록 하라.

　상당히 왔다. 거의 들여다 볼 수준에 와 있다고 볼 수 있으나 아직 실체에 접근하려면 더 진전해야 한다. 실체에 접근하고 실체에 동화되어 하나가 되면, 그 후에 다른 모든 것의 조망이 가능할 수 있다.

　결코 쉬임 없는 갈 길이니 매일 천서 공책을 소지하고 하늘의 부름에 응답하여 어떤 작은 울림도 소홀히 넘기는 일이 없도록 하라. 하늘의 선택에 실망을 드리지 않는 일은 열심히 수련하는 일뿐인 것이다.

   수련에서 모든 것을 구하고 열심히 노력하여 일가를 이룰 수 있도록 하라. 수련만이 모든 것을 가능케 해줄 것이다. 가능하다.

감사합니다.

답답할 때의 호흡

어떤 일을 당하여 답답함이 느껴지는 것은 호흡이 제대로 되지 아니하여 호흡에 '파워'가 붙지 않았기 때문이다. 호흡에 파워가 붙으면 돌파력이 생기므로 답답함이 없다.

체력이나 일상생활에서의 답답함은 모두 호흡으로 해소될 수 있는 것들이다. 호흡이 제대로 되는 한 답답할 일이 없으며, 답답할 일이 있다 함은 호흡에서 그 방향을 제대로 잡지 못하였음을 나타내주는 것이라고 할 수 있다.

모든 일의 추진과 다른 일로부터의 간섭을 방어하는 힘은 호흡에서 나오니, 어떤 일이 되고 안 되고는 호흡에 그 원인이 있다고 할 것이다. 답답한 경우에는 항시 호흡을 크게 해야 되느니라.

크게 10여 회 호흡을 한 후 다시 한 번 돌아보고 정상 호흡으로 들어가면 그 답답함이 해소될 것이다. 일단 마음에서 답답함이 해소되면 다른 일에서도 답답함이 점차 해소되고 나갈 수 있는 길이 보일 것이니, 항상 호흡에서 길을 찾아볼 수 있도록 하라.

모든 것은 호흡에서 비롯되고 호흡으로 귀결되는 것이니, 어찌 호흡에서 멀어져 의식만으로 어떤 결과가 나타날 수 있다고 할 수 있겠느냐? 어떤 현상의 투시에도 호흡과 함께 하면 한층 더 멀리 내다볼 수 있을 것이며 정확함도 더할 것이니 그리하도록 해라.

알겠습니다.

정심 正心

　언제나 떠나지 않아야 할 가장 중요한 것은 정심이다. 정심에서 뜨지 않는 한 모든 것은 용서될 수 있으나 정심에서 벗어나면 모든 것은 용서받지 못한다. 정행正行은 정심에 근거한 정행이어야지 정심이 뒷받침되지 않은 정행은 정행이 아닌 것이다.

　정행은 정심과 정사正思가 함께 하는 것이어야지 정심과 정사가 없는 정행은 정행이 아닌 것이다. 정심이 강조되는 것은 모든 것의 근본이기 때문이며, 정심이 바탕이 되지 않는 것은 근본이 없는 것이므로, 이론적 근거가 없는 것과 같아, 그 자체의 정당성이 확보되지 못한다.

　정도正道의 우선순위는 정심에 있으며, 이것은 심心이 곧 우주이며 다른 것은 그것의 표현이기 때문이다. 정심에서 벗어나지 않으므로 모든 다른 것들이 가능한 것을 잊지 않도록 해라. 정심을 잊지 말아라.

43
진리의 행行

사람이란 무릇 진리를 행하고 살아야 한다. 진리를 행하지 못하면 살아도 산 것이 아니요, 행해도 행한 것이 아니게 된다. 진리란 순리이다. 가장 상식적인 것이 가장 순리이다.

연장자가 연소자에게 대접받는 것이 가장 기본이고, 많이 아는 사람이 적게 아는 사람에게 대접받는 것이 그 둘째이며, 남자가 여자에게 대접받는 것이 그 셋째이다.**

이 대접이란 것이 마음에서 우러나옴으로써 그 자체가 자연스러워야 하며, 그렇게 되기 위해 세상의 도리를 먼저 익히는 것이 수련에 앞서는 것이기도 하다.

허나 세상의 도리를 익힘이 근래 들어 그리 쉽지 않았던 까닭에, 예의를 모르는 아이들이 나타나게 되었음은 부모의 탓이 크다고 하겠다. 부모가 지금부터라도 예의를 찾고 스스로 모범을 보임은 차후 많은 인원이 참된 길로 갈 수 있는 가능성을 높이는 것이다.

수련은 도덕적인 기반이 어느 정도 갖추어진 후에야 점차 그 빛을 발하게 될 것이며, 거기에서 나아가 영성을 발휘하게 되면서 가속이 되는 것이니, 초조하거나 원인 규명에 신경 쓸 것 없이 호흡으로 밀어보도록 해라. 무엇이든지 다 된다. 알겠느냐?

알겠습니다.

** 이것은 현재 지구에서의 도리입니다. 우주에서는 영의 진화 정도에 따라 상하가 있으며, 남녀 간에는 평등합니다.(저자)

** 천상에서의 도리는 고정이며 불변이나, 지상에서의 도리는 가변이며 시대에 따라 다를 수 있습니다. 양(+)의 속성인 우주 기운이 지상에 전파되기 전(서기 2,000년을 기준으로 이전)에는, 음(-)의 성이 양(+)을 제공받아 중화를 이룰 수 있는 길은 타 성에 의한 방법밖에 없었으며, 이것이 당시로서는 순리였으나, 우주의 문이 열리고 정성만 있다면 누구나 안테나를 통해 우주 기운을 받을 수 있는 후천시대 – 우주의 시대에는 양 성이 서로 동등하며 서로 존중하는 것이 현 지구의 순리입니다.(편집자 주)

44회 생일

　생일을 축하한다. 어떤 일에서든 초조해하지 말아라. 이 세상의 모든 것이 네 것 아닌 것이 없다. 반드시 손 안에 있어야 네 것이고 그렇지 않으면 남의 것이라는 생각은 우주심의 입장에서는 옳지 않은 것이다.
　사소한 인연만으로도 대단한 것이며 그것이 더욱 발전하였다면 이건 이미 역사인 것이다. 서두를 것도 없고 속상할 것도 없이 이미 모두 너의 것이 되어 있는 바이니 편안히 가도록 하라.
　여유는 사물을 객관화할 수 있는 힘이며 그 힘으로써 모든 것을 바로 볼 수 있는 것이다. 서두르지 않고 초조하지 않으면 여유는 점차 증가하기 시작할 것이다.
　아무리 바빠도 여유로운 이가 있고 아무리 한가해도 여유 없는 이가 있다. 시간이 흘러가는 것은 어쩔 수 없다 해도 마음에서의 여유는 찾을 필요가 있다.

호흡 6

　호흡은 순환이다. 물이 흐르지 않으면 썩듯이 사람이 호흡을 멈추면 썩게 되는 것 역시 우주의 이치인 것이다. 인간은 호흡에서 시작하여 호흡으로 끝난다. 호흡만이 계속 이어지는 것이며 다른 것은 계속 단절된다.

　인간은 호흡을 멈추는 순간부터 정체가 시작되며, 죽을 때까지 호흡을 알지 못하면 금생의 기회가 모두 평균 정도에서 그 이하로 떨어질 수 있는 것이니, 그렇게 되면 오히려 태어나지 않음만 못한 것이니라.

　번뇌는 특히 호흡으로 씻어야 하는 것이며, 번뇌가 쌓이는 것은 호흡이 정체되기 때문이다. 호흡으로 씻어내지 못하는 것은 없으며 호흡을 게을리 하면 물이 흐르지 않는 것과 같아 괴로움, 번뇌가 쌓이게 된다.

　호흡은 기의 순환이며, 기의 순환은 마음의 순환이고, 마음의 순환은 곧 항상 새로운 활력소의 충전이니 어찌 수련생이 나태함이 있겠느냐? 새로운 활력은 근면을 창조하며 근면은 여유를 창조하니, 여유는 수련을 창조해서 지속되는 주기의 반복으로 항상 새로이 삶을 가꾸어 나가게 되는 것이다.

 호흡에서 벗어나면 번뇌가 쌓인다. 호흡만이 새로울 수 있으며 주변의 여건조차도 변화시킬 수 있다.

· · · · ·
쉽게 가려 하지 말아라. 쉽게 가면 쉽게 간만큼 닦임이 적다.
자신의 가장 큰 결점을 발견하는 일은 가장 큰 고통 속에서이다.
결코 쉽게 발견되는 것이 아니며 쉽게 구해져서는 요긴히
사용될 수가 없는 것이다. 세상을 쉽게 살려 하지 말고,
자신을 과소평가하지 말며, 시작했으면 반드시
끝을 보는 대인의 길로 들라.

수련의 기회

　수련은 절대 아무 때나 되는 것이 아니다. 되는 때가 따로 있는 것이다. 그 되는 때에 올바로 하지 않는다면 그 기회는 다시는 오지 않는 수도 있다. 그 기회가 다시 오지 않는 것이 바로 천벌이며 금생에 구제의 기회가 사라지고 만다.
　항상 정심을 염두에 두고 수련에 정진해야 하거늘 정심을 염두에 두고 해본 적이 몇 번이나 있더냐? 수련에는 망설임이 없어야 한다. 앞으로는 수련에 대해서 일절 누구에게 이러니저러니 하는 일이 없도록 해라.
　너 한 몸 추스르기에도 시간이 없지 않더냐? 누구에게 무엇을 이러니저러니 한단 말이냐? 모두 건방진 짓이니라. 우선 자신의 수련에 정진토록 하여라. 자신이 완성된 후에도 모든 것이 늦지 않다.
　설령 자신만 완성되어 그 뜻을 펴지 못해도 할 수 없는 것이니라. 가장 중요한 것이 자신임을 깨달아 언제나 자신에게 묻은 때를 닦고 정진할 수 있도록 해라. 자신은 알아서 하되 자신 외엔 관심을 갖지 않는 것이 좋다.

그리하도록 하겠습니다.

천서란 아무에게나 보이는 것이 아니다.

알겠습니다.

호흡과 의식

 항상 한결같은 마음으로 수련에 임해라. 지금 호흡에 의식이 실리는 비율은 20~30%이다. 70% 이상 되어야 깊고 폭넓은 진전이 가능하게 된다.

 한 번을 쉬더라도 호흡에 깊이 의식을 두고 하도록 해라. 항상 그런 것이 자연스럽게 유지되도록 해라. 호흡은 언제나 우리와 함께 있고 우리와 함께 하는 것이나, 우리가 느끼지 못하는 사이에 많이 흘러가 버린 것이다.

 언제나 기회는 항상 한 번이다. 끊임없이 호흡을 연마해야 자신의 기회에 적합하게 변화할 수 있다. 쉽게 오지 않는 기회라고 막연한 것도 아니니 호흡에 들어 놓치지 않으면 자신의 자리가 보인다. 그렇게 해서 갈 수 있도록 하라.

알겠습니다.

48
한결같은 마음

사람이란 항상 한결같아야 한다. 이랬다저랬다 한다면 어찌 의미 있는 삶을 살아볼 수 있겠느냐? 수련을 하다 보면 이런 일도 있고, 저런 일도 있는 것이나 항상 대하는 마음가짐은 같아야 한다.

항상 같은 마음가짐으로 매사를 대한다면 생각보다 훨씬 나은 결과를 만들어 낼 수 있을 것이다. 이것은 비단 수련에서뿐 아니라 모든 일에서 그러하니 항상 마음의 중심을 잃지 않는 가운데 가장 강한 추진력이 나오는 것이다.

나의 위치, 나의 존재, 나의 모든 것이 밝혀지고 나서 나의 중심이 나오는 것이 아니라, 나의 중심이 생기고 나서 나의 존재가 발전해 나가는 것이다. 나의 존재의 위치 확인은 작은 일에서부터 시작해라.

도의 길은 결코 먼 곳에 있지 않다. 항상 가깝고 쉬운 것에서 도를 찾아내는 것이 수련생의 마음가짐이며, 이는 곧 예의를 잃지 않는 데 있는 것이니 매사에 자신감을 가지고 임하되 예의를 잃지 않도록 하라.

바르게 살라

항상 바르게 살아야 한다. 바르지 못하면 크게 될 수 없을뿐더러 크게 된다고 해도 소용이 없게 되고 만다. 소용이 없게 된다는 것은 아예 시작을 하지 않은 것보다 못한 것이라는 것이다.

이 도의 길은 바르게 쌓아야 한다. 이 과정에서의 실수는 다시 잡을 기회가 없다. 인간 세상의 일과 달라서 이 도의 길은 지나면 그것으로 끝이고 다음에 다시 오는 기회는 예전의 그 기회가 아닌 것이다.

천천히 쌓더라도 바르게 쌓아야 한다. 바르게 쌓는 길만이 오래, 충분히 갈 수 있는 방법이 될 것이다. 항상 바르게 살아야 한다.

종교

종교에 대해서는 어찌 생각해야 하는지요?

종교란 필요한 것이다. 종교의 사명은 가능한 범위까지의 인도이다. 그 인도가 정확하게 이루어지면 신도들은 상당히 도움을 받아 갈 수 있으나, 그 인도가 불확실하거나 방향이 오도되었을 때에는 자기의 역할이 확실치 않다고 볼 수 있다.

종교 역시 상품上品의 가능성(비율)은 20% 내외이다. 하품下品이 20%이며 그 중간의 60%가 중품中品인바 중상, 중중, 중하로 구분된다. 일반인들이 중중 이상에서 종교에 접하면 자신의 길로 갈 수 있으나 중하(40% 이하)부터는 어렵다고 볼 수 있다.

사람들이 종교를 생각하는 관점은 절대적이어야 하나 절대적이기 이전에 비판적으로 관찰할 수 있어야 한다. 무조건적인 절대는 상당히 위험한 것으로서 중하中下나 하下에 빠지는 오류를 범하게 될 것이다. 종교는 필요하나 반드시 자신의 상식으로 검증할 것을 필요로 한다.

우리나라 타국의 고난은 어찌 해석해야 하는지요?

　　　고난은 필요에 의해 오는 것이다. 그것이 개인에 대한 것이든 사회에 대한 것이든, 국가에 대한 것이든 지구 전체에 대한 것이든 모두 필요로 인해 오는 것이다. 그 필요를 올바르게 받아들이면 상당한 신장을 가져올 수 있는 것이요, 주저앉으면 그대로 있게 되고 마는 것이다. 상당한 신장을 가져오는 것은 본인의 판단에 달렸다.

　한국은 항상은 아니나 거의 위기에 대처하는 사고방식이 올바른 상태를 간직하고 있었다. 대처 방법이 올바르다면 극복할 수는 있다. 극복한다는 것은 쉽게 되는 것이 아니다. 그 대가를 치르되 그 값이 있다는 것이다. 일부 인사의 정답에 대한 인식과 대중의 호응이 있으면 답은 도출될 수 있다.

　역사란 그만한 대가 없이 결과가 나타나는 것은 없다. 현실적인 과제가 큰 것은 그 대가가 충분히 있을 것이라는 예고이기도 하다. 항상 고난에 대한 자신을 가지고 임하도록 하라.

그리하도록 하겠습니다.

　　　질문이 또 없느냐?

매일 수련 시 드리도록 하겠습니다.

　　　그리하도록 해라.

51
도의 길

근래처럼 수련이 신속히 진행되는 경우는 없을 것이다. 그간의 무게를 덜어내니 이런 진도가 가능한 것이다. 항상 모든 것들에 대해 무게를 느끼지 않으면 빨리 갈 수 있다. 부담 없다는 것이 좋은 점은 이것이다.

모든 것은 일정한 무게를 지니고 있는바, 그 일정한 무게를 줄이는 것이 많은 짐을 질 수 있는 비결이기도 하다. 그 짐의 무게는 본인 스스로 조절이 가능하다. 본인이 짐을 줄이면 가볍게 된다. 마음속에서 짐이 차지하는 위치는 그 마음이 결정하는 것이기 때문이다.

천서의 효용은 꼭 수련에만 있지 않다. 일상을 통한 도에의 접근, 매사를 통한 도에의 접근을 유도하는 데 있다.

언제나 도를 생각하되 도에 빠지지 말도록 하라. 항시 추구하는 바는 '나의 것'이다. 언제나 나는 살아 있고 나를 위한 모든 것으로 존재하여야 한다. 내가 있고 다른 것들이 있음이지 다른 것들이 있음으로 내가 있는 것이 아닌 까닭이다.

  항상 '나'를 잃지 않도록 하라. '나'를 구하고 '나'를 통하여 이 세상을 보고 그렇게 본 세상을 다시 도에 활용하라. 세상은 단순치 않으나 다시 정正의 입장에서 보면 하나인 것이니 그렇게 보는 것이, 즉 도의 길이니라.

알겠습니다.

초각인가

인간은 살아생전 업을 씻는 것이 아니라 살아서의 업적으로 사후에 판정을 받는 것이다. 항상 지금까지의 모든 것은 시작이고 이제부터 시작이다. 언제나 준비하고 있으면 항상 시작인 것이다. 결승점이 얼마 안 남았다. 열심히 해라. 호흡이 '나'이고 내가 호흡이니 호흡에 기운을 실으면 어디로 가겠느냐?

무릇 사람의 일생이란 긴 것 같아도 짧고, 짧은 것 같아도 긴 것이니 어떻다고 말할 수 있겠느냐?
　　생각하기에 달린 것 같사옵니다.

생각을 어떻게 하고 있느냐?
　　짧지도 길지도 않은 것 같사옵니다.

일문一問 통과

이제껏 해온 수련은 무엇을 위한 것이었더냐?
　　수련을 위한 것이었사옵니다.

수련의 무엇을 위한 것이었더냐?
　　제 자신을 위한 것이옵니다.

네 자신을 어떻게 하겠다는 것이냐?
　　깨우쳐서 우주와 일체가 되고자 함이옵니다.

네가 감히 그럴 자격이 있다고 생각하느냐?
　　아직은 미치지 못하나 충분하다고 생각하옵니다.

아직 어떤 점이 못 미치더냐?
　　부족함이 없사옵니다.

　이문二間 통과

앞으로 어떤 방법으로 지도를 펼 생각이냐?
　　지도를 펴기 전 자신을 더욱 갈고 닦을까 하옵니다. 도의 길에서도 마찬가지이거니와 인생으로서도 닦아야 할 많은 일들이 있는 것 같사옵니다.

인생의 일과 사명과는 무엇이 다르더냐?
　　같은 것이옵니다.

오늘은 어찌 '2기 수련 모임'에 나가지 않았느냐?
    아직은 뜻을 펼 단계가 아닌 것 같사옵니다.

누구의 기준으로 말이냐?
    그들의 기준이옵니다.

네 기준을 맞추면 될 것 아니냐?
    생각하지 못하였사옵니다.

더 공부해라. 생각이 잠기면 안 된다. 생각은 자유로워야 하느니라. 생각이 자유로워도 걸리는 경우가 있거늘, 생각마저도 자유롭지 못해서 무슨 공부가 되며 무슨 수련이 되겠느냐?
　생각이 마음이고 마음이 생각이니 모두 일체로서 흔들림이 없도록 해라. 세상의 모든 일은 용서가 기본이니라. 모든 것을 용서하면 너도 용서받을 수 있을 것이니 용서의 안목으로 세상을 보도록 하라.
    알겠습니다……. 인간에게 깨달음은 가능한 것인지요?

가능하다. 네가 하고 있지 않느냐?
    제 수준에서도 깨달음을 논할 수 있는지요?

10개의 질문이 내려올 것이다. 이미 2개는 통과하였으니 8개를 더

맞추면 초각은 인정받게 된다. 초각은 이제야 비로소 정식으로 입학이 되었다는 것이며 현재까지는 예비 입학 상태인 것이다.

  10문에 통하고 나서 다시 정진을 거듭하여 100문, 1,000문에도 막힘이 없으면 온 우주의 이치가 그 때야 훤하게 들여다보이는 것이니, 아직은 자신을 갈고 닦는 것 이외에는 념을 끊도록 하라. 이 수련만이 모든 것을 가능케 해줄 것이니라. 그 모든 것이 무엇인지 알고 있느냐?

    자신에 대한 것이옵니다.

자신에 대한 어떤 것이더냐?
    자신에 대한 모든 것이옵니다.

삼문三問 통과

이 세상의 이치는 어떻다고 생각하느냐?
    모두 하나라고 생각합니다.

어떤 하나라고 생각하느냐? 생각을 자유로이 해라.
    우주입니다. 즉, 혼입니다.

사문四問 통과

무엇을 해야 구원이 가능하냐?
    구원은 없사옵니다.

오문五問 통과

구원이 없으면 네 자신을 구해주는 것은 무엇이겠느냐?

　　자신일 뿐이옵니다.

육문六問 통과

인간에 있어 전, 후생은 어떤 의미를 갖는다고 생각하느냐?

　　전생이 없는데 후생이 어디에 있겠사옵니까?

어찌 전생이 없다 하느냐?

　　생각에서 없으면 없는 것이옵고 후생은 다시 태어날 일이 없을 것으로 생각하기 때문에 역시 없는 것이옵니다.

칠문七問 통과

생각은 어찌해야 하겠느냐?

　　항상 바르게 해야 하옵니다.

어떤 것이 바른 것이 되겠느냐?

　　제 마음에서 걸리지 않아야 한다고 생각합니다.

네 마음이 바르다고 어떻게 증명할 수 있느냐?

　　흔들림이 없으면 바른 것이며 생각에서 바르면 바른 것이옵니다.

팔문八問 통과

인간은 무엇을 먹고 살아야 하느냐?
  생각을 먹고 살아야 합니다.

어째서 그러냐?
  생각은 마음이고 우주인 까닭이옵니다.

어째서 생각이 우주인 것이냐?
  마음이 생각과 같고 마음은 우주이니 생각도 우주이옵니다.

구문九問 통과

이제 남은 한 문제는 무엇이겠느냐?
  풀어도 그만 안 풀어도 그만인 문제이옵니다.

그게 무엇이냐?
  문제가 없는 것이옵니다.

십문十問 통과

1994. 4. 27 01:07 '초각 인가'

  하늘을 향해 3배, 땅을 향해 3배, 부모님께 3배, 자신에게 10배,

천지 만물에 10배, 계 29배를 할 것. 선계의 방향은 ○○향이므로 ○○향을 향해 하며 인가장은 선계에 보관된다. 번호: ○○○○ ○○○ ○ ○○. 잊지 않도록.

   너는 10문을 통과했으므로 정성의 1배로 족하며, 초각 이후 더욱 수련에 정진할 것을 요한다. 오늘로서 다시 태어난다. 그릇이 돼라. 모든 것을 담을 수 있는 그릇이 되어야 한다.

 53

흔들리지 말아라

항상 바르게 해라. 바르다는 것은 흔들림이 없는 것으로서 어떤 일을 해도 마음이 잔잔한 것을 일컫는 것이다. 사람이 살아가는 데 가장 중요한 것이 흔들리지 않는 것이다.

흔들리지 않아야 어떤 일을 했을 때 참된 효과가 나는 것이지 흔들린다면 그 일의 결과가 정상적으로 나타날 수가 없는 것이다. 항상 흔들리지 않도록 하라. 흔들리지 않는 것만이 '구함'을 받을 것이다. '구함'이란 깨달음에 대한 '구함'이다. 흔들리지 말아라.

정심의 실체는 고행

　말씀이 없어 못하는 것이 아니다. 정심正心이 없었던 것이다. 이제껏 말씀은 흘러넘치게 많았으나 인간들이 제대로 받아들이지 않음으로 인하여 이렇게 된 것이다. 항상 말씀은 곁에 있었고 그 형태는 경經으로, 전傳으로, 설說로, 어語로, 기타 등등으로 존재하였으나 정심에 들지 않은 인간들이 보기에 항상 본질이 보이지 않음으로 인하여 오도된 진리만 행해져 왔다.
　정심 역시 내 가슴 속에 있으며 어디 멀리 있는 것이 아니다. 정심이 있는 곳에 모든 것이 있어 왔으며 정심이 열리면서부터 이 세상의 모든 것이 재평가된다. 정심의 실체는 고행이다. 고행이 정심의 실체이며 고행이 아니고는 정심으로 인도하지 못한다. 고행은 일상에서의 고행이다. 금식, 철야 등은 고행의 '에너지 코스'로서 그 자체는 아닌 것이며 금욕은 금식의 전 단계이다.
　고행의 진수는 무아無我로서 무아란 결코 쉽게 오지 않는 것이다. 망아忘我와 무아의 차이는 내가 있고 없음이다. 무아는 내가 있고 무가 있는 것이며, 망아는 내가 없고 무가 있는 것이니 이 근본적인 차이는 오직 나에 의해 결정되는 것이다.

　무아는 쉽게 오지 않는다. 무아인 듯해도 무아가 아닌 것이며, 정말로 나를 던질 수 있는 상태에서 극한의 고행 끝에 있는 것이다. 무심無心은 무아의 뒤에 있다. 있어도 있는 것이 아니요, 없어도 없는 것이 아닌 최상승의 세계에 무심이 있는 것이다.

　항상 정심으로 바르게 호흡하면 무아에 도달하게 되어 있다. 숨(호흡)은 의식이 있고 진리를 깨치고자 하는 숨이어야 한다. 진리가 아닌 단순한 이치의 구별은 한낱 새나 짐승들도 이미 알고 있으며 실천하고 있는 것들이니 그런 조각 몇 개를 주웠다고 어찌 도를 논할 수 있겠느냐?

　도란 구하기가 극히 어려운 것이며 노력한 만큼 구해지는 것이므로 성급히 생각할 일은 아니니 차분히 추구하도록 하라.

그리하도록 하겠습니다.

무리는 금물

어떤 일에 있어서도 무리는 금물이라고 할 수 있다. 무리를 하지 않는 방법은 항상 일정한 진도를 챙기는 것이라고 할 수 있다. 언제나 무리하지 않고 일정한 진도를 챙기는 것처럼 확실한 것은 없다. 항상 꾸준히 하되 무리가 없도록 하라.

어떤 일도 자신의 '스케줄'에 오차가 발생하는 것은 바람직하지 않다. 항상 자신 중심으로 움직이되 그것이 옳다고 판단되어야 한다. 옳고 그르고는 본인의 기준에 의한다. 언제나 자신은 자신에 의해서만이 모든 일의 처리가 가능하다.

자신이 정당치 않거나 희생한다고 생각되는 일은 당분간 삼가는 것이 좋을 것이다. 타인의 뜻에 따라 본인이 감수해야 하는 것은 현 단계에서의 일은 아니다. 본인에게 충실하도록 하라. 본인이 서고 타인이 서는 것이다.

타인을 돕는 길

　인간의 역사는 개인의 역사이든 전체의 역사이든 모두 필연성에 의해 그렇게 된 것이다. 필연성이 없이 그런 결과가 나온 것은 없다. 언제나 모든 일에 대한 필연과 그 원인을 밝혀 볼 것을 요한다.
　원인은 스스로 이루어진 것과 인간에 의해 만들어진 것이 있다. 어떻게 해서 생긴 원인이든 그 원인에 원인을 추적하면 거기에 또한 우주가 있다. 항상 자신을 인정하고 그 자리에서 다시 출발한다.
　수련의 요체는 자신의 발전에 다름 아니다. 수련으로 인해 발전하는 방법에는 여러 가지가 있으나 무엇이든 자신을 중심으로 발전해 나가야 한다. 자신이 확인되지 않는 수련, 자신의 발전에 도움이 되지 않는 수련은 무가치하다. 시간은 한정되어 있는 것이며 무가치하게 보내고 나면 그만큼 자신에게 손해가 되는 것이다.
　항상 자신을 먼저 생각하라. 타인 위주는 도의 길에서는 다르다. 자신이 완성되는 것이 타인을 돕는 길이다. 자신이 완성되고 나서 타인을 도와라. 길은 그 때 가서 구하라. 미리 길을 구하면 갈 길이 너무 멀다. 항상 마음을 정하고 수련에 들어 빗나감이 없도록 하라.

광명은 무심

이제 공부에 대해 충분히 알겠느냐?
　　아직 충분히 알고 있지 못하옵니다.

언제쯤 충분히 알 수 있다고 생각하느냐?
　　언제일지는 모르나 계속 공부한다면 가능할 것이라고 생각하고 있습니다.

공부를 어떻게 해야 가능할 것 같으냐?
　　자신을 알고 지속적으로 호흡에 일치시키면 가능할 것으로 생각하옵니다.

너는 누구냐?
　　저는 저 자신일 뿐이옵니다.

모든 것은 이 공부를 떠나서 존재하는 것이 없다. 항상 공부와 함께 하면 언젠가는 광명이 있을 것이다. 그 광명이란 무심에 다름 아니다. 온갖 번뇌에서의 해방이 곧 광명이니라. 그 해방은 곧 수련의 끝이기도 하다.

그 부분부터는 모든 것은 거의 스스로 해결된다. 자신은 있되 관망할 수 있는 것에서 배우고 실체에 합류한다. 대충의 일정이니라.

혼 4

　수련이 호흡에서 뜨면 헛것이 보인다. 이 헛것은 그 자체가 사邪에서 나온 것으로서, 수련생을 엉뚱한 곳으로 이끌기도 하고 스스로 선생인 체하기도 하는바, 이 사에서 벗어나는 방법 역시 호흡이다. 웬만한 사는 한 번의 심호흡으로 떨쳐 버릴 수 있다. 그보다 더한 사도 심호흡 2, 3회, 나아가 10여 분 간 심호흡을 거듭하면 모두 떨쳐 버릴 수 있는 것이다.

　정신력이 약하여 부적이나 주문이 필요할 경우에는 혼을 계속 외우거나 혼이라는 부적을 써서 소지하는 것으로도 대부분의 사는 물리칠 수가 있는 것이다.

　이 혼의 효력은 우리가 생각할 수 있는 영역에 있는 것이 대부분이다. 모든 사는 이 혼의 범주를 벗어나지 못하니 호흡도 혼이요, 자세도 혼이요, 행동도 혼이면, 모두 혼에 들어갈 수 있는 것이다. 혼으로 깨쳐라.

수련은 과정

　수련은 과정이다. 과정에서의 오차는 인정된다. 하지만 목표에의 오차는 만회할 방법이 없다.
　목표에의 오차는 근본에의 부실이므로 수정하기에는 너무 많은 노력이 필요할 뿐 아니라 수정해도 정확한 방향이 잡히지 않는 것이다.
　수련으로 가고자 하는 곳의 위치를 분명히 하고 수련에 임하라. 깨침은 그 자체가 역시 과정이다. 깨침의 너머에 있는 참의 세계에 들 수 있기 위해서는, 물론 깨침을 넘어야 하나, 깨침의 뒤에 더욱 큰 세계가 있으므로, 깨침으로 우리는 또 하나의 문을 열고 들어가는 것이다.
　깨침은 진리의 문을 여는 열쇠인 것이다. 깨침으로 문을 열고나면 극히 평범한 세계, 즉 진리의 세계가 있는 것이다. 진리란 먼 곳에 있지 않다. 깨침 역시 먼 곳에 있지 않다. 항상 함께 있으나 나누어져 있는 것이다.

이것을 모으고 합하여 하나를 이루는 것, 이것이 수련인 것이다. 벽을 헐고 문을 없애기 위해 수련을 하는 것이다. 성의를 다하라.

혼 5

살아가면서 일어나는 일들에 대해서는 어떻게 생각해야 하는지요?

모두 하나로 생각해야 한다. 하나로 생각함에 기준이 명확해야 한다. 그 기준은 하나, 혼이다. 크지도 작지도, 많지도 적지도, 옅지도 진하지도 않으며 오직 하나이고자 하는 것이 바로 혼이다.

혼은 하나의 뜻이며 모두 모여 통일되는 것을 의미하기도 하는 바, 흔들림이 없는 상태로 통일되는 것이다. 이 혼은 모두에게 동질성을 부여하므로 동화에의 욕망을 일으켜 주기도 하나 근본적으로 하나임을 일깨워 주기도 한다.

하나이되 여럿일 수 있는 것, 여럿이되 하나일 수 있는 것, 그것이 바로 혼인 것이다. 모두 나누어 수천억 종이 되어도 결국 찾아 들어가면 하나가 되는 것이 바로 혼인 것이다. 혼의 세계는 넓은 것 같고 찾기 어려운 것 같아도, 동질성의 열쇠만 확인되면 순간에 동화가 된다. 하나로 되는 깨달음은 순간에 온다. 모두 호흡으로 하나가 될 수 있도록 하면 많은 진전이 있을 것이다.

격은 스스로 높여라

마음을 잡는 것과 마음을 흔드는 것은 언제나 하나이다. 따로 있지 않은 까닭은 원래 하나이기 때문이며, 그 속에서 차츰 동요의 진폭을 줄여 자신의 자리를 찾을 수 있도록 하는 것이 가능하기 때문이다.

항상 이 세상에는 암수, 음양 등으로 그 상대방이 존재하여 왔으며 그들은 원래 둘이 아닌 하나로서 완전을 추구하게 되어 있다. 반드시 합해져서만이 아닌, 상대의 존재 그 자체로서 완전이 되는 것이다.

완전이란 꼭 우주의 형태는 아니다. 그 때마다 해당 수준에서의 완전이면 족하다. 식물은 식물 수준에서, 동물은 동물 수준에서, 하품의 인간은 그 자신의 위치에 맞는 완전이면 되는 것이다.

수련생은 수련에 맞는 완전이면 된다. 항상 가부가 하나임을 알고 그 사이에서 답안을 찾는다면 모든 것은 의외로 쉽게 해답이 나올 수 있다. 상당한 경지는 바로 이 자리이며 어떠한 경지도 현재의 위치에서 오되 다만 격이 다를 뿐이다.

    격은 스스로 높여야 한다. 절대로 타인에 의해 높아지지 않는다. 격은 스스로 높여라.

대인 관계

 모든 것 중에서 가장 유의해야 할 것이 대인 관계니라. 대인 관계는 인간이 갖는 관계 중 거의 모두이기도 하다. 허나 수련에 든 사람은 만물과의 관계를 중시하여 그 뜻을 받아들임에 어긋남이 없어야 한다. 인간에게 메시지를 주는 것은 반드시 인간만이 아닌 까닭이다.
 그 모든 관계 중에서 대인 관계는 인생에서 가장 오류를 범하기 쉽고 가장 소중하게 가꾸어 나갈 수 있는 인연이니, 이 대인 관계에 있어서는 다음의 사항을 유의하라.

1. 불필요한 사람과는 만나지 마라. 업을 만들기 쉽다.
2. 필요한 사람과는 만남을 아끼지 않되 서로의 마음을 100% 열 수 있는 상태가 되도록 하라.
3. 수련상의 일은 외부에 흘리는 일이 없도록 하라. 현 단계의 내용은 일부만이 수용 가능하다.

4. 인간관계는 뜻을 푸는 데 도움이 될 것이나 세우는 데는
  도움이 되지 않을 것이다.

대충 이런 면에 유의하며 맺어 간다면 큰 실수는 없을 것이다. 개개의 경우는 알아서 판단하라. 대인 관계에서 무리하는 것은 부족함만 못하니라.

유혹 2

항상 조심하라. 이 세상에 깔린 모든 것들이 수련에 도움이 된다고 보기는 어렵다. 확고하게 기반이 다져진 후에도 상당 기간 무용한 것에는 신경 쓰지 않음으로써 자신의 세계를 다질 수 있다.

수련의 주체가 본인임과 본인의 뜻에 의해서만이 진전할 수 있는 것임을 안다면, 자신의 중요함을 알 수 있을 것이다. 언제나 유혹은 도처에 있으나 본인이 유의함으로써만 극복되어 왔다.

수련의 막바지에까지도 지속되는 유혹은 본질을 흐리게 하는 현상의 일종으로서, 수련생에게는 더욱 집요한 바가 있는 것이니, 유의하여 휩쓸림이 없도록 하라. 공부는 때가 있는 것이며 현 상태에서는 더욱 열심히 몰아붙이는 것만이 자구의 길이 될 것이다. 노력해라. 정향의 모든 것을 거둘 수 있도록 하라.

그리하도록 하겠습니다.

64
도반

공부란 절대 쉬운 것이 아니다. 천만이나 일억에서 한 명 정도 가능성을 가지고 있는 것이며, 그 가능성조차 속(俗)에서의 생활이 어느 정도 수련 가능한 상태로 보존되어 오는 것을 필요로 한다.

수련에는 본인이 직접 부딪치는 방법과 도반에 의해 가는 방법이 있는바, 직접 앞에서 치고 나갈 수 있는 경우는 수억 명에 하나 정도가 가능한 것이며 그 과정에서 주저앉기도 한다. 수련에 들어 진정한 도반을 만난다는 것은 수련으로 성취하는 것에 버금가는 즐거움이며, 그것 하나만으로 이미 반은 성취했다고 할 수 있을 것이다.

도반은 수련 인연이며 이 수련 인연은 인간의 기본적인 조건이 갖추어진 상태에서 만날 수 있고, 일단 어느 정도 이상의 수준에서 만나기만 하면 서로의 상승 작용에 의해 상당한 거리까지의 진전이 가하다고 할 수 있다.

수련에 관계된 모든 사람들을 도반이라고 볼 수 있으며, 그 뜻이 크든 작든, 그릇이 크든 작든 모두 존경의 대상으로 생각하면 될 것이다. 알겠느냐?

알겠습니다.

　　더욱 매진하라.

그리하도록 하겠습니다.

65
천계의 호흡

이 세상에는 항상 유혹이 도처에 잠복해 있는바, 이 유혹이 위력을 발휘하는 것은 본인의 내부에 반응을 보이는 요소가 잠복하고 있기 때문이다. 본인의 내부에서 무반응이라면 어떠한 유혹도 전혀 거리낌이 없을 것이다.

매사가 원만하게 진행되기는 어렵다. 한 가지가 완전하게 진행되기도 어렵다. 하지만 모든 일을 원만하고 완전에 가깝도록 처리하는 일이 수련생의 할 일이다.

타인에게 호흡법을 지도해주는 것은 완전한 진행이 가장 어려운 일 중의 하나이다. 본래 호흡이란 천계에서는 인간 그 자체와 하나로서 분리가 될 수 없는 것이었으나, 인간이 되면서 분리가 된 것이다.

천계의 호흡은 의식의 호흡으로서, 의식만으로 맑디맑은 상태가 유지되며 그 상태에서 발전이 있는 것이다. 인간의 몸으로 완전한 호흡을 하기 위해서는 최소한 10여 년 이상의 기간을 필요로 하나

단축시키는 방법은 의식의 강화밖에 없다.

의식계에서 집중은 '파워'이다. 이 집중을 필요한 시기에 필요한 부분에 집중함으로써 돌파력이 생기는 것이다. 이 돌파력은 뚫고 나가는 힘이 아니라 최선의 결정結晶으로 재편성하는 힘이다.

따라서 현상계에서 보면 창조로 보일 수도 있으나, 원래 있던 것들을 재편한 것이니 창조로 볼 수는 없는 것이다. 창조는 조물주에게서나 가능한 것이며 의식계에서 가능한 것은 재결정인 것이다.

인간이 생각하고 만들어낸 역작들은 이런 재결정의 결과로서 현존하고 있다. 이 재결정의 가장 상층부에 속하는 것이 바로 수련으로 인한 '에너지'의 강화로 스스로를 변화시켜 천계, 우주계로 진입이 가능토록 하는 일이다.

흔히 맑은 가운데 행동에 거리낌이 없다면 수련으로 얼마든지 가능한 일이다. 모범이 될 수 있도록 하라. 항상 끊임없이 노력하고 항상 시작하는 기분으로 진화하라. 결실 위주보다 과정 위주로 나가면 실수가 없을 것이니라.

그리하도록 하겠습니다.

몸과 마음은 수련을 위해서만

사람이 수련을 함에 있어서는 마음이 우선이나 몸과 마음을 함께 움직여야 하는 경우가 두 가지 있다. 그 첫째는 수련을 위한 경우이고, 둘째는 일을 위한 경우이다.

수련에 관계되는 한 몸을 움직이는 것이 낫다. 호흡을 비롯한 모든 것이 몸과 함께 해야 하기 때문이다. 일을 위한 경우는 자신을 위한 일에 한정된다. 자신을 위하는 것은 가장 수련에 필요한 것이므로 자신을 위하는 일은 준수련적인 부분으로 이해될 수 있다.

아직 타인을 위해서까지 의식을 분배하는 것은 삼가는 것이 좋다. 자신이나 수련을 위한 일에 국한하여 의식과 몸을 사용하고 기타의 일에는 가급적 가볍게 생각하고 넘기는 것이 좋을 것이다.

가볍게 생각하고 넘긴 것은 의식에 깊이 두지 않는 것이 좋으나 수련에 관련된 일은 가급적 기록을 남기는 것이 도움이 될 것이다.

그리하도록 하겠습니다.

어떤 일을 당하든지 항상 같은 마음으로 받아야 한다. 슬픈 일이나 기쁜 일이나 궂은 일이나 좋은 일이나 언제나 같은 기분으로 맞이해야 한다. 좋고 나쁨의 기색이 변화함에 따라 심기에 영향을 미치고 심기에 영향을 미치면 수련의 근본 파장이 흔들리는 만큼, 항상 감정의 기복이 있을 때는 호흡을 조절하여 비슷한 수준에서 감정의 동요를 막아야 한다.

일단 호흡을 고른 후 가만히 생각해보면 크게 기뻐할 일도 크게 슬퍼할 일도 없음을 알게 되는 것이니, 그전에 잠시 있는 그대로 받아들임으로써 표면적인 부분에 혹하는 경우가 있는 것이다.

이 세상에 있는 모든 것은 같은 뿌리에서 태어나 유사한 근본을 가지고 있는 것으로서, 모두 달라 보여도 나무의 왼쪽에 붙은 잎과 오른쪽에 붙은 잎처럼 사실은 같은 것이다.

언제나 겸손한 마음으로 만물을 바라보고 자세히 살펴보면 어느 하나도 우주와 무관한 것이 없음을 알게 되는 것이다. 매일을 감사로 시작하고 감사로 마무리하며 생을 즐겁고 여유 있게 보낼 수 있도록 하라.

나의 삶은 내가 창조할 수 있는 유일한 것이며, 내가 창조한 나의 삶으로 내가 달라지는 것이고 내가 달라짐은 더욱 달라질 수 있는 길이 되는 것이니, 어찌 즐겁게 삶을 보내지 않을 수 있겠느냐?

알겠습니다.

호흡은 부드러워야

　호흡은 항시 부드러워야 한다. 호흡이 부드럽지 않으면 의식이 뜨게 되며 의식이 뜨면 집중이 안 되어 호흡이 있으나마나한 상태가 되는 것이다.

　호흡이란 부드러움에서 그 근본을 찾아 계속 이어나가며, 그 부드러움이 몸에 배여, 있으나 없으나 동일한 상태가 되어 가는 것이지, 의식이 호흡에서 떠나 호흡을 잊은 상태로 되는 것은 별 의미가 없다고 할 수 있다.

　한번 부드러움이 몸에 배이면 그 이후에는 항상 호흡이 함께 할 수 있게 되는 것이며, 그때까지는 의식적으로 강하게 의식과 호흡을 일체화시켜 놓을 필요가 있다.

　호흡은 만물의 근원이며 생존 원인이자 결과까지도 지배하는 것이니, 이 호흡에서 추구할 수 있는 것은 인간의 몸을 가진 상태하에서는 끝까지라고 할 수 있다. 항상 잊지 않음을 체득하여 실수 없도록 하라. 언제나 모든 것의 근원은 마음에 있느니라.

 68
만물은 호흡

만물은 호흡이다. 호흡을 통해 만물이 생성되고 호흡으로 만물이 소멸하니 호흡의 역할이 어찌 지대하지 않다고 할 수 있겠느냐? 또 호흡을 할 수 있음을 어찌 영광으로 알지 않을 수 있겠느냐?

호흡은 신이 인간에게 내려준 가장 큰 혜택이며 자신과 동격이 될 수 있는 자격을 부여하는 조건이기도 한 것이니라. 인간으로 태어난 것, 호흡을 익힐 수 있는 것, 도를 깨달아 신격으로 향상되는 것은 인간으로서 최고의 기쁨이라고 할 수 있는 것들이니, 수련에 나태함이 없이 충실할 수 있도록 하라.

호흡은 중요하다. 한 날 한 시 놓치는 일이 없어야 함은 물론 집중하여 부드러이 끌어야 하니 어찌 쉬울 수 있겠느냐? 정성으로 임하도록 하라.

알겠습니다.

우주 호흡

호흡은 우주 호흡을 하여야 한다. 우주 호흡이란 호흡 하나에 우주 전체가 들어오고 나가는 것으로서 자신을 우주화시키는 첫걸음이다.

온 우주와 1:1로 의식을 키워라. 온 우주와 1:1로 의식을 키운 후 점차 자신을 강화함으로써 신격으로의 상승이 가능하다.

자각이 없이 각인覺人이 되기는 어렵다. 각은 본인에게 해당되는 것으로서 스스로 가지고 있는 벽을 깨는 것이기도 하다. 이 벽이 깨지면 세상에 통하는 문이 열린다. 개문 이후의 관법은 현 단계와는 많이 다른 면을 보일 것이나 그것은 그 때 논하면 된다.

각의 첫 번째 단계는 의식을 키우는 것이다. 의식의 자람으로 내적인 면이 충실해지고, 내적인 면이 충실해진 후 껍질ego이 터지게 되며, 껍질이 터진 후 더욱 성장을 거듭하여 초자아에 도달해야 한다. 초자아에의 도달은 의식이 변화한 후에야 가능하다.

현재 이후의 수련에서는 한 보 한 보가 참으로 주의 깊고 조심스러울 것을 요한다. 작은 면에서도 실수 없이 이끌어 나가되 큰일은 더욱 말할 것 없다. 작은 일이란 생활에서의 일이요, 큰일이란 수련에서의 일이다.

항상 마음의 중심을 잡고 작은 것에서 출발하되 언제나 결론은 우주에서 끝날 것을 요한다. 호흡은 단순한 것이 아니고 그 자체가 물리적 생명을 가진 단계에서는 우주인 것이다.

우주는 모든 것이다. 내가 곧 모든 것인 경우는 내가 우주가 됨으로 가능한 것이며, 내가 우주가 되는 법은 집중과 지속적인 호흡에 의해서만이 가능하다. 생활이 호흡이고 호흡이 생활이며 내가 호흡이고 호흡이 나인 상태에서 순간순간에 충실하면 우주가 될 수 있으리라.

열심히 하도록 하겠습니다.

70
마음의 조절

 수련에서 가장 중요한 것은 마음이다. 급하지도 남지도 않으며 항상 비슷한 '템포'를 유지해 나가야 하는 것이다. 너무 여유 있는 것도 아니고 너무 촉박하지도 않은 상태를 유지해 나가야 하는 것이다.

 이런 상태의 조절 역시 호흡으로 한다. 힘이 부족할 때는 들숨 위주로 해야 한다. 들숨 위주로 함으로써 체력을 보강할 수 있는 것이다. 고요히 들숨에 몰입하면, 점차 체력이 보강되고, 생기가 길을 열어 진도進度를 열며, 후기後氣가 마무리하니 한결 가기가 쉬운 것이다.

 이 위치를 정확하게 짚으면 한결 쉽게 모든 일을 해낼 수 있다. 항상 가운데는 우주이다. 우주에서 바라보면 모든 것이 대수롭지 않으나, 또한 모든 것이 중요치 않은 것이 없는 것이다. 우주심으로 세상을 보도록 하라.

71
고비와 무리

어떤 일을 함에 있어 고비와 무리는 다르다. 고비는 밀어붙여야 할 단계에서 최선을 다하여 밀어붙이는 것이고, 무리는 밀어붙여서는 안 되는 단계에서 밀어붙이는 것이다.

고비는 수련에서 가끔 나타나며 이 때는 현실적인 문제를 떠나 수련으로만 밀어붙여야 한다. 현실적인 부분과 혼합이 되기도 하나 자세히 보면 모두 내 안에 원인이 있고 해결책도 있다.

무리는 현실에 주가 있는 것으로서 대부분 현실적인 것인바, 현실에서 실현 가능성이 있은 후에 다시 노력하는 것이 옳다. 언제나 무리는 자신의 동원 가능한 역량을 넘는 것이므로 가급적 삼가는 것이 좋다.

단식이나 철야는 수련에서의 고비를 넘기 위한 것인바, 평소 점진적으로 수련의 방향을 바로잡으면 고비가 필요 없다고 할 수 있다. 고비가 오지 않도록 평소에 챙기는 것을 생활화하도록 하라.

72

남녀의 수련 과정

본성과의 만남 전후

오늘은 질문이 무엇이냐?

남자와 여자는 수련 과정이 다른지요?

다르다. 남자는 거칠고 직선적인 반면 여자는 온화하고 곡선형으로 가니 비틀거리는 것 같아 보이는 것이나 원래 그런 것이니라.

여자 수련생을 지도하려면 어찌해야 하는지요?

가끔은 강하게, 가끔은 약하게, 때로는 그저 그렇게, 때로는 방관해야 할 때도 있느니라. 일일이 비위를 맞추다가는 끝이 없을 것이며, 수련이 되지도 않을 것이다. 수련은 후배가 선배를 따라오는 것이다. 선배가 후배를 따라갈 수 없음은 명백한 것이니라.

원래 그래서 여자의 수련이 남자보다 힘든 것이온지요?

그렇다. 곡선이 심하면 항시 극좌에서 극우로 넘어 다니게 되어 있는바, 기분이 극에서 극으로 달릴 때가 있으니 그럴 경우는 방관하는 것도 수련 방법이 될 수 있느니라.

중심을 잡아라

중심을 잡아라.
매일을 기쁘게 생각하라.
하루하루가 새롭다고 생각하라.
언제나 받아들일 준비로 일관하라.
항상 새로움을 찾아라.
일상 속에서 도의 실마리를 잡아라.
기분에 얽매이지 말아라.
하고 싶은 바를 행해도 어긋남이 없도록 하라.
항상 내일이 있음을 생각하라.
모범이 될 수 있도록 하라.

깨달음은 자연스런 일

　수련이란 어느 한 부분에 얽매이고자 하는 것이 아니다. 벗어남으로써 사물의 실체를 바로 알고 이해하여 우주의 본질에 좀 더 가까이 접근하고 마침내 일체를 이룩함으로써 해탈과 영원을 구하는 것이다.
　대개 수련에 드는 목적이 깨달음에 있으나 깨달은 후의 목표는 미지정 상태이다. 깨달은 후에는 만방으로 용처가 있어 미리 알기가 힘든 까닭도 있지만, 그 후의 것에 대해 생각이 미치지 못하여 그런 경우가 대부분인 것이다.
　인간의 깨달음이란 것은 우주의 입장에서 보면 한낱 자연스런 일 중의 하나인 것이다. 깨달아서 자연스러운 것도, 깨닫지 못해 부자연스러운 것도 아닌, 깨닫고 못 깨닫고를 떠나서 자연스러운 것이다.
　벼가 익어가고 꽃이 피는 것과 사람이 깨닫는 것의 차이는 없다고 할 수 있다. 다만 스스로의 노력에 의한 차이는 인정되어야 한다. 각고의 노력은 그 자연스러움에 속도를 배가해 줄 수 있으니, 화초를 온실에서 키우는 것과 달리, 양지에서 클 수 있는 풀과 음지에서 자라는 풀과의 차이 이상은 자연스럽게 소화해 낼 수 있는 것이다.

   수련이란 자연스럽게 벗어나는 것이다.

알겠습니다.

· · · · ·
자신은 모든 것을 긍정적인 시각으로 볼 수 있게 해주는 힘이요.
모든 것을 가능케 해주는 원동력이요, 모든 것을 헤쳐 나갈 수 있는
돌파력이다. 자신을 얻으면 천하(우주)를 얻은 것이요,
자신을 잃으면 천하를 잃은 것이다.

 75
천천히 하라

살아있음만으로도 서두를 일은 없다. 모든 일을 때맞춰 하는 것으로 충분하다. 그때그때 처리하면 밀리는 일이 없어 항상 신선하게 갈 수 있는 것이다. 천천히, 가급적 천천히 모든 일을 진행토록 하라.

천천히 하면 더욱 확실히 보이고 확실히 보이면 실수가 없어 더욱 빨리 갈 수 있는 것이다. 서두르지 않는다는 것은 게으름이 아니다. 가장 확실하고 자연스러우며 모든 것에 적용되는 방법, 그것이 서두르지 않는 것이기 때문이다.

모든 것은 때가 있다. 그 때에 총력으로 뚫고 나가기 위해서는 평소에 서두르지 않고 전진하는 것이 필요하다. 항상 내일이 있음을 생각하라. 내일은 생명을 가진 한 가장 큰 축복이다.

영계는 생명이 아니다. 그냥 명命인 것이다. 명은 생명과는 다르다. 생명도 명과 다르다. 생명의 역할과 명의 역할은 다르다. 생명의 고마움을 알라.

76
대우주는 무無이다

   모두 하나이니 그리 알도록 하라. 우주에는 둘이 없으며 모두 한 울타리 내에서 존재하는 것이다. 한 울타리라 함은 나뉘어져서 들어 있는 상태가 아니라 엉겨 있는 상태를 일컫는다.
   이 한 울타리 속에도 농도에 따라 진한 것과 연한 것이 있고, 딱딱한 것과 물렁한 것이 있으니(딸기잼과 같은 상태) 이 모든 것이 하나를 이루고 있는 것이다. 우주는 무척 넓은 듯하나 직접 대하고 보면 또 하나의 존재에 불과하며 전부는 아니다. 우주 역시 대우주의 일부를 이루고 있는 하나에 불과하다. 대우주의 세계는 무이다.
   이 무의 세계는 어떤 변화나 진행을 느낄 수 없을 만큼의 차이로 진화를 하며, 거의 보이지 않을 만큼의 변화만이 존재하는 곳이다. 대우주의 존재는 깨달은 후에 참으로 자신을 변화시켜서 들어가는 곳이다.
   대우주의 존재는 큰 형의 역할이다. 인간으로 대우주를 접한 경우는 극히 드물다고 할 수 있다. 대우주를 볼 수 있도록 하라.

 77
수련 인연은 가장 큰 축복

 항상 감사하라. 인간에게는 결코 많은 축복이 한 번에 오는 일은 없다. 허나 네게는 두 가지 축복이 함께 내려오고 있으니 수련에 관한 부분과 문학에 대한 재능이다.
 인간으로서 완전한 모습이 되기는 힘드나 수련 인연은 가장 큰 축복이다. 큰 인연은 크게 받아야 한다. 큰 인연을 작게 보면 작은 것밖에 구하지 못한다. 큰 인연 속에서 큰 것과 작은 것을 함께 구할 수 있기 위해서는 차근차근 '스케줄'을 정해서 받을 것을 필요로 한다.
 받기보다는 주는 것이 어렵다. 주는 것이 자연스러울 수 있을 때 받는 것도 자연스럽게 올 수 있을 것이다. 주고받음이 모두 둘이 아닌 하나로되 이렇게 구분되는 것은 의사의 방향이 다른 까닭이다.
 항상 주어야 할 사람에게 주는 것은 수련에서 반드시 필요한 일 중의 하나이니, 주는 것에 인색치 말되 선별하는 일을 확실히 하도록 하라. 매사는 확실함에서 발전이 있는 것이니 확실함에 이르러 빗나감이 없도록 하라.

희생하라

 앞으로 남을 위해 많은 희생을 해야 할 것이니라. 그 희생이란 모든 면을 조합한다. 인간적, 수련적인 모든 면에서 남을 위해 살아야 할 것이다. 남을 위해 살아가는 것이, 즉 자신을 위하는 길이 될 것이다.

 남을 위해 사는 것은 곧 자신을 희생하지 않고는 불가하다. 자신을 희생하는 위에 남을 이해하고 살피려는 노력이 따를 때 진정으로 남을 위해 생활하는 것이 될 것이다. 희생은 자신을 그대로 간직하여서는 안 되는 법이다.

 자신의 마음에서 어느 정도의 손실을 기쁘게 감수하는 것만이 참된 희생이 될 것이다. 첫째가 인간적인 면이며, 둘째가 수련에 관한 면이다. 희생을 할 각오가 되어 있느냐?

 되었습니다.

어떻게 하겠느냐?

원하는 대로 하겠습니다.

그게 어떤 것이라도 하겠느냐?
　　　하겠습니다.

결코 도리에서 벗어나도 하겠느냐?
　　　하겠습니다.

그리해 보도록 해라.
　　　알겠습니다.

무슨 생각을 했느냐?
　　　인연이란 무엇인지요?

만남이다.
　　　어떤 만남인지요?

그때그때 필요한 만남이니라.
　　　필요는 무엇인지요?

너에게 부족한 부분이니라.
　　　부족한 부분이지만 채울 필요가 없는 경우도 있는지요?

없다. 부족함으로써 필요한 것이다.

    채워야 가능한지요?

그렇다.

    어떤 방법이 있는지요?

구하는 방법이 있다.

    본인이 구해서 되는 것인지요?

구해야 한다. 구함에 있어 길을 벗어나지 않아야 한다. 가능하겠느냐?

    가능할 것입니다.

그리해 보도록 해라.

    알겠습니다.

79 확신을 가져라

　수련은 마음자리가 바로 놓여야 한다. 마음자리가 바로 놓이는 한 어느 것에도 거칠 것이 없을 것이다. 항상 자신을 당당하게 보이고 스스로의 일에 대하여 자신감을 가져라. 자신감은 거리낌이 없는 데서 나온다.

　거리낌이 없다 함은 세상의 법칙과 우주의 법칙이 일치하는 한계 내에서 행동한다는 뜻이다. 우주의 법칙이 반드시 속의 법칙과 일치하지는 않으나 인간의 기본 심기에서 흔들림이 없다면 그것은 흔들리지 않는 것이다.

　자신의 행동에 대하여 확신을 가져라. 자신에 대한 확신만이 독립, 독행을 가능케 해줄 것이다. 확신을 가져라.

알겠습니다.

자신으로 갈 수 있는 범위

자신自信으로 갈 수 있는 범위는 어디까지인지요?

끝까지이다. 결국은 누구에게나 자신自身에게 있느니라. 자신自身에게 들어감에 있어 가장 큰 추진력은 자신自信이니라. 자신은 자기 아닌 외부의 모든 영향이나 조건으로부터 자기를 보호해 줄 것이다. 자신自信으로 가라.

자신自信외에 또 무엇이 있는지요?

자신自信만 있으면 된다. 자신自身에 대한 확신은 어느 것보다도 무서운 힘이다. 그 무서운 힘은 무엇도 돌파해 나갈 수 있는 '파워'를 줄 것이다.

속俗에서의 생활과 도道에서의 생활의 조화점은 어디인지요?

없다. 생각하기에 따라 모든 것이 속俗이기도 하고 모든 것이 도道이기도 한 것이니, 그 둘은 반드시 일정 한도에서 분리되는 것이 아닌 까닭이다. 본인이 원해서 한다면 그것이 도이고 그것이 길이지 양 갈래가 아닌 것이다.

 '도'라는 뜻 중에는 '자신의 의지가 나가는 길'이란 의미도 있는 것이니, '도'라는 단어에도 생각이 담겨 있음이니라.

인간의 진리와 선계의 진리는 어떻게 다른지요?

 선계는 선악이 없다. 모두 생각하는 대로 가는 것은 아니로되, 일정 한계를 넘어 도달한 곳인 만큼, 구별의 필요를 느낄 만큼 중대하게 다루어져 오지 않은 까닭이다.

선계는 도리가 없는지요?

 도리가 없다. 없어서 없는 것이 아니라 모두 스스로 지키고 있으므로 없는 것이나 마찬가지인 것이다.

이 수련이 허상이 아닌지요?

 허상이라고 생각하면 허상이요, 실상이라고 생각하면 실상이니라. 더 구해 보도록 해라. 아직은 도를 알았다고 할 수 없느니라. 도란 끝이 없는 길과도 같아서 가다가다 보면 끝이 나오는 것이며 그전까지는 항상 시작인 것이다. 아직은 시초이니 계속 노력해 보도록 해라. 참도의 세계에 들면 공부도 필요 없느니라.

알겠습니다.

주체는 자신

　모든 일에 있어 주체는 자신이다. 진리의 판단도, 여유의 창조도, 현실의 개척도, 생활도, 도道도, 모두모두 자신의 일인 것이다. 도의 길에서 자신을 제외하고 가능한 일은 없다. 모든 것은 자신에게서 비롯되며 본인에게 그 결과가 귀속된다. 책임 역시 본인의 몫이다.
　스스로 중심을 잡고 스스로 헤쳐 나가며 스스로 극복하고 스스로 개척하여 자신의 길을 자신이 만들어야 한다. 도의 길은 험하나. 안이한 삶을 구하기 위해서는 도의 길에 들지 않는 것이 낫다.
　도의 길에 든 이상 길은 끊임없는 자기 연마를 위해 험할 것이다. 모든 것의 귀속이 자신이므로 자신의 모든 것을 닦는 것에 의해 모든 것이 종결된다. 자신은 수련의 시작이자 종료인 것이다.
　자아가 개안開眼하고 본성이 보이면 참수련의 길에 든 것이다. 과정은 순탄치 않다. 인간적인 극한 아픔도 맛보아야 하는 경우가 있을 것이다. 애당초 기대할 것이 없으며 기대하지 않아야 실망이 없어 서로 긴 관계를 유지할 수 있다.

　쉽게 가려 하지 말아라. 쉽게 가면 쉽게 간만큼 닦임이 적다. 자신의 가장 큰 결점을 발견하는 일은 가장 큰 고통 속에서이다. 결코 쉽게 발견되는 것이 아니며 쉽게 구해져서는 요긴히 사용될 수가 없는 것이다.

　세상을 쉽게 살려 하지 말고, 자신을 과소평가하지 말며, 시작했으면 반드시 끝을 보는 대인의 길로 들라.

알겠습니다.

감정은 천지조화

도의 길이 있기는 있는지요?

있다. 지금 너도 걷고 있지 않느냐?

어찌하여 이리 힘겹고 보이지 않는 것인지요?

원래 그런 것이다. 우주의 이치가 그렇게 쉽게 보이는 것인 줄 아느냐?

우주의 이치를 안다고 해서 달라지는 것은 무엇인지요?

대인大人이 되는 것이다. 대인은 신神으로서 인간과는 격이 다르다. 인간의 몸으로 있으면서 대인이 되는 길은 수련밖에 없다.

대인과 소인(인간)과는 어떤 차이가 있는지요?

대인은 그 자체가 신으로서 우주의 통치에 직접 관여가 인정되나, 소인은 피통치자로서 다스림을 받는 위치에 있는 것이다.

'희로애락애오욕'은 인간에게만 있는 것인지요?

그렇다. 신에게도 있는 것처럼 보이는 것은 인간에게 의사 전달을 하기 위하여 인간의 감정에 가까운 표현 방법을 사용하는 것일 뿐이다.

대인으로 있다가 인간이 된 경우는 어떤 것인지요?

영격 상승의 준비 단계인 경우와 사명을 펴기 위한 경우가 있다.

인간으로 태어나 겪어야 하는 고통의 뿌리는 어디에서 오는 것인지요?

대인으로 있을 당시 종전에 완전히 뿌리가 뽑히지 않은 부분이 살아나는 것이다. 그 뽑히지 않은 부분은 인간으로 태어날 때 운명으로 가지고 나오는 것이다.

극복하지 못하면 어찌 되는지요?

다시 환속還俗할 뿐이나 다시 영격 상승의 기회가 오기는 상당히 어렵다고 할 수 있다.

인간의 감정은 어찌하여 생겼는지요?

인간이기 때문이다. 원래 인간은 천과 지의 중간에 위치하여 그 사이에 존재하여 왔으므로, 비, 바람, 눈보라가 인간의 마음에서 표현될 때는 감정으로 표현되는 것이니라. 인간의 마음속에도 천지의 모든 조화가 있으니 그것이 바로 감정이란 것이며, 이 감정이 가라앉아야 모두 바로 보일 것이니라.

바로 보지 못하면 어찌 되는지요?

할 수 없는 일이로되 모두 본인의 책임일 뿐이다.

수련의 목적은 대인이 되는 것 말고 또 있는지요?

없다. 대인이 된 후에는 인간으로 있으면서 하는 수련과는 다르다.

호흡은 감정과 어떤 관계인지요?

조절 수단이니라. 호흡으로 감정도 조절되어 속히 이치를 깨닫게 해주는 것이니라. 호흡의 힘은 너희들이 생각지 못한 바가 있어, 그로 인한 파장이 대인들에게까지도 전달이 되는 것이니라.

영계에서 지속적으로 장악하고자 하는 인간이 있는 것은 어째서인지요?

우주의 이치가 보이면 대인과 동격이 된다. 몸은 인간이되 천상의 운영에 참여가 가능하게 되는 것이다. 대체로 천계에서 서로 인연을 가졌던 사람들은 그 후에도 지속적으로 인연을 갖고자 하여, 한 쪽이 인간의 몸으로 탄생했는데도 놓지 않는 경우가 있느니라.

좋은 것인지요?

　　그런 것도 있고 그렇지 않은 것도 있다. 좋은 것은 어떻게 하든 수련에 도움이 되는 것이요, 나쁜 것은 수련에 방해가 되는 것이다. 어떤 경우이든 본인이 알고 깨치어 나가면 되는 것이다. 선계의 일은 차후 깊이 알게 될 것이니 너무 미리 알려고 하지 말아라.

알겠습니다.

　　열심히 노력해라.

그리하도록 하겠습니다.

83
가족 문제는 시련

　살아가다 보면 부딪치는 일 중에 별의별 일이 다 있으나 그 중 스트레스로 본다면 가족을 통해서 오는 것이 상당히 큰 것이라고 볼 수 있다. 극복하기 위해서는 넉넉한 마음가짐을 가져야 한다.
　보다 넉넉한 마음으로 여유 있게 매사를 바라보면 운신의 폭이 보일 것이다. 첩첩산중도 빠져나갈 길이 있듯 세상일에서 전혀 방법이 없는 경우란 존재치 않는다.
　허나 모든 것은 순리대로 풀어야 한다. 순리대로 풀지 않는 한 결코 제대로 풀린 것이 아니니 순리대로 풀도록 하라. 수련의 고비는 결코 쉽게 넘어가는 법이 없다. 어떤 형태로든 겪을 것은 겪어야 넘어가는 것이다.
　큰일을 한 것이다. 아직 다 넘은 것은 아니로되 그만큼 올라왔으면 고비가 얼마 남지 않았고, 경사가 약하니 넘는 것은 시간문제라고 할 수 있다. 너는 네 자신의 문제는 없는 만큼 언제나 가족으로부터 고비가 오는 것이다.

꾸준한 심성으로 임한다면 극복되지 않는 것은 없다고 할 수 있다. 항상 정향正向으로, 정법正法으로, 정공正功으로 노력하라. 모든 법은 이미 내려와 있다. 이제부터 새삼스레 내려올 부분은 없는 것이다. 현재까지 내려온 부분만 지켜도 길은 있는 것이다.

언제나 지켜야 할 많은 것들이 있으나 누구나 다 지키지는 못한다. 일부만 지키는 것은 아니로되, 거의 다 지키려고 노력하는 순간순간이 계속됨에 따라 정진이 거듭될 것이다.

항상 스스로에게 감사하라. 자신自身은 만물에 우선하는 감사의 대상이다. 자신이 있고서야 모든 것이 가능해진다. 자신은 노력에 의해 생긴다. 태어남으로 자신이 형성되는 것이 아니며, 수련에 의해 자신이 형성되는 것이다. '나'의 자각이 없는 상태는 결코 태어났다고 할 수 없느니라.

알겠습니다.

84
자신은 원동력

　모든 것은 자신과의 싸움이다. 자신과의 싸움에 유효 적절히 힘을 배분하여 승리할 수 있지 않고는 수련이 어렵다. 자신에 대한 확신은 자신과의 싸움을 승리로 이끌 수 있는 결정적인 요소다.
　자신自信이 있으면 무슨 일이든 할 수 있다. 자신이 없으면 털끝 하나 건드릴 수 없을 것이요, 자신이 있다면 우주도 내 것이 되는 것이다. 인간에게 가장 큰 축복은 자신과의 만남이다.
　자신은 모든 것을 긍정적인 시각으로 볼 수 있게 해주는 힘이요, 모든 것을 가능케 해주는 원동력이요, 모든 것을 헤쳐 나갈 수 있는 돌파력이다. 자신을 얻으면 천하(우주)를 얻은 것이요, 자신을 잃으면 천하를 잃은 것이다.
　가능하다. 너는 원하는 모든 것을 얻을 수 있으며 그 이상도 가능하다. 모든 것을 헤치고 넘을 수 있는 자신을 갖도록 하라. 자신만이 모든 것을 해결해 줄 것이다.

감히 드릴 말씀이 없사옵니다.

　　열심히 노력하라. 노력은 자신을 배가시키는 가장 좋은 방법이니라.

알겠습니다.

　　노력해라.

천계의 부모

천계에도 부모가 있는지요?

있다. 영계의 부모 위에 선계仙界의 부모니라. 이 부모는 우주 창조 이래 내려온 인연으로서 서로 어떤 형태로 있어도 결코 떨어질 수 없는 인연이니라.

천상의 자제는 어찌 정하여지는지요?

출생이니라. 천상계에서 격이 어느 정도 이상에 달하면 자녀를 갖는 것이 가능하니라. 인간과 같은 방법은 아니되 방법이 있느니라. 차차 알게 될 것이니 너무 깊이 알려 하지 말아라.

알겠습니다.

수련이나 열심히 하라.

알겠습니다.

독립 준비

　네 책임이 크다. 이제부터 수련의 모든 부분이 네 책임하에 실시된다. 천서는 계속 받을 것이로되 네가 생각해서 처리해야 하는 부분이 늘었음이다. 점차 너의 재량이 늘어나고 마침내는 전적으로 모든 것이 너의 판단에 의해 가는 단계가 되는 것이니라.

　언제나 모든 것은, 특히 수련에 있어서는 자신이 커가는 것을 보면서 가게 되는 바, 자신이 커갈수록 판단의 여지는 늘어나게 되어 있다. 이 판단의 여지는 수련에 관련된 부분이다.

　생활에 관련된 부분은 별로 판단의 여지가 필요 없을 것이다. 스스로 처리해야 하는 부분에 대해 확실히 처리할 수 있도록 하라.

알겠습니다.

　　모든 것이 네게 달렸느니라.

열심히 노력하여 어긋남이 없도록 하겠습니다.

우주는 생물체

　우주의 도리는 어긋남이 없다. 한때 어긋난 듯이 보여도 모두 옳고 바른 것이다. 우주에서 일어나는 모든 일은 항상 대비된 것들이다. 인간의 생각에서 일어나는 일 이상을 대비하고 있으므로 언제나 완벽한 것이다.

　개개인이 생각하고 있는 우주와 본래의 우주는 사실상 다르다고 할 수 있다. 개개인의 모든 생각이 뭉쳐 있는 상태가 우주이므로 우주 자체도 하나의 생물체라고 할 수 있다.

　원래 생물은 무생물이 모인 위에 생각이 생기면서부터 되는 것으로서, 우주는 고도의 지적 생물체인 것이다. 발전에 대한 욕구와 공정한 노력을 할 줄 아는 세계에서 '가장 진화된 생물체'인 것이다.

　인간은 우주를 위하여 노력해야 할 의무를 진다. 그 노력은 스스로를 발전시킴으로써 우주의 발전에 이바지하는 것인바, 스스로의 노력 중에서 가장 바람직한 것이 바로 깨달음이다.

깨달음은 우주에 대한 정확한 인식이다. 그 인식을 기반으로 다음 진로가 결정되는 것이다. 인간이 해야 할 일은 수련을 통한 깨달음이다.

알겠습니다.

수련 인연은 천연 天緣

인간에게 하늘이 있음을 알려줄 수 있다면 어찌 하겠느냐?

　　알려주어도 아는 사람은 알고 모르는 사람은 모를 것 같사옵니다.

어째서이냐?

　　지금도 인간 세상에 하늘의 법도가 그대로 운용되고 있기 때문입니다.

어떻게 증명하겠느냐?

　　선악의 결과는 상벌로 나타날 것인바, 상벌은 반드시 현세에만 있는 것은 아닐 것이므로 지켜지지 않는 바가 없는 것으로 알고 있습니다.

선악의 결과는 어찌해야 한다고 생각하느냐? 선악에서 선은 무엇이고 악은 무엇이냐?

　　선은 자립의 노력이며, 악은 스스로 노력을 포기하는 것이고 선악의 결과는······.

선악의 결과는?

> 제가 판단할 일은 아닌 것 같습니다.

누가 판단하는 것이냐?

> 하늘이 판단하실 것 같습니다.

하늘은 하늘이로되 너는 어찌 하겠느냐?

> 가능한 한도 내에서 반성의 계기를 주는 것이 합당할까 하옵니다.

어떻게 반성의 기회를 주겠느냐?

> 반성의 동기를 부여해주는 것이 좋을 것 같습니다.

어떻게 부여할 수 있겠느냐?

> 깨우쳐줌으로써 부여할 수 있겠습니다.

어떻게 깨우쳐 주겠느냐?

> 인연이 됐을 때 가한 것으로 아옵니다.

인연은 어떻게 알아볼 수 있겠느냐?

> 감感으로 알 수 있을 것 같습니다.

감을 어떻게 믿겠느냐?

    감은 가장 확실한 인간의 감각인가 하옵니다.

발달돼 있으니 그렇고, 그렇지 않으면 어찌 하겠느냐?

    확신이 서지 않는 행동은 확신이 설 때까지 유보함이 좋을 것 같사옵니다.

그 유보는 네 성격이냐? 절차이냐?

    절차이옵니다.

인연은 있다. 누구나 수많은 인연을 갖되 다만 자신과 어떤 인연인가가 중요한 것이다. 악연도 있고 호연好緣도 있으나 모두에게 잘해야 한다. 모두에게 잘함으로 악연은 호연으로, 호연은 천연天緣으로 올릴 수 있어야 한다.

    호연에서 천연으로의 상승은 수련을 함께 함으로써 가능하다. 함께 깨치면 천연이 된다. 천연은 분리가 어렵다. 단 참된 수련이어야 한다. 알겠느냐?

    알겠습니다.

일생에 천연 하나도 과한 것이니라.

    알겠습니다.

노력해라

이렇게 힘들게 공부해서 무엇이 얻어질는지요?

　　네 미래이다. 네 미래를 위해 이렇게 노력하고 있는 것 아니겠느냐? 네가 쉬는 사이 다른 사람들은 피땀을 흘리고 있다는 것을 생각해 보았느냐? 정 공부가 힘들면 수련을 해라.

　안이하게 미래에 대처하다가는 정말로 남는 것이 없을 것이다. 미래는 각고의 노력이 없이 얻어지는 법은 없다. 현재의 투자는 미래의 가장 확실한 해답이다. 정 힘들면 쉬는 것은 좋으나 정도 이상의 휴식으로 미래를 포기하는 법이 없도록 해라.

　도의 길은 순탄치 않다. 하나하나 조건이 갖추어져 가고 있는데 고삐를 늦추면 안 된다. 미래는 노력하는 사람의 것이다. 노력만이 네 앞을 보장해 줄 수 있다.

　군계일학으로 우뚝 서야 한다. 우뚝 서서 뜻을 펴야 한다. 네 잠재력에 대해 의심하는 사람은 없다. 모두 너보다 더 힘들고 어려운 길을 걸어 그 위치에 오른 것이다. 이 정도에서 주저앉을 생각을 한다면, 아니 잠시라도 쉬어 갈 생각을 한다면 곧 네 자신에 대해 확신을 가지기 어려운 것이다.

미래는 결코 쉽게 오는 법이 없다. 노력은 결코 쉬운 것이 아니며 그것이 쉽다면 못할 사람이 없을 것이다. 노력은 가장 확실한 투자이며 가장 확실한 결과이다. 모두 네게 힘을 보내고 있다. 힘내라. 모두 네 것이 아니더냐?

힘들면 잠시 심호흡으로 마음의 짐을 덜어내고 다시 일어나 뛰면 될 것이다. 공부가 곧 도이고 도가 곧 공부이다. 결과를 눈앞에 두고 잠시의 휴식에 젖어 있다가는 눈앞에서 결실을 놓치는 일도 있을 것이다. 쉽게 쉽게 가는 길이 네 길은 아니다.

이제껏은 쉽게 오는 방법이 있었을지 모르나 이제는 정법으로 가야 한다. 노력만이 구제의 길이다. 노력만이 우뚝 설 수 있다. 노력 없이는 퇴보만 있을 뿐이다. 밝고 환한 미래는 결코 그냥 오지 않는다.

다른 성공한 사람들이 쉽게 온 것은 아니다. 모두 피눈물 나는 노력 끝에 그 자리에 오른 것이다. 네 자리는 타인의 자리와는 다르다. 진실로 빛나는 자리가 될 것이요, 참으로 영광된 자리가 될 것이다. 힘내라. 모두 너를 위해 기도하고 있느니라. 노력하도록 해라. 모두 될 것이다.

감사합니다.

힘겨움

이것은 결코 힘겨움이 아니다. 네 인내의 향상 방법이니라. 인내는 참는 데서 나온다. 수련에서 가장 필요한 것은 인내로서 너의 경우 수련으로보다 문학에서 단련함으로써 일거양득의 효과를 거둘 것이다. 문학도 수련도 둘이 아니며 하나이니 반드시 뚫고 나가도록 하여라.

가능하다. 모두 가능하다. 이제껏 모든 것을 가능케 해왔던 모든 힘들이 너를 밀고 있다. 참된 용기는 이런 순간에 다시 굳어지는 것이다. 결코 헛된 것이 아닌 참으로 진실된 용기는 이런 순간의 반복으로 얻어지는 것이다. 매사에 자신을 갖도록 해라.

자신은 어떤 것이라도 가능케 해주는 힘이다. 자신이 있으면 모든 것이 가능해도, 자신이 없으면 모든 것이 불가능으로 바뀌는 것이니, 자신을 가지고 임하도록 해라. 항상 자신으로 충만돼 있는 한 결코 약함이 침범하지 못할 것이다. 긴장은 나쁘되 앞에 닥친 일을 놔두고 쉬는 것은 더욱 나쁘다.

쉬는 것도 때가 있다. 쉴 때 쉬는 것은 황금보다 더한 결실을 가져올 수 있으나, 쉬지 않아야 할 때 쉬는 것은 나태에 직결되는 것으로서, 자신을 잃는 가장 결정적 원인이 될 것이다. 노력해라.

알겠습니다.

말을 조심하라

　힘들다는 소리를 입 밖으로 내지 않도록 해라. 그 말 자체가 힘들게 하는 것이니라. 강자는 결코 그런 말을 하지 않는다. 그런 말은 약자에게 어울리는 말이며 결코 대인의 입에서 나올 말은 아닌 것이니, 다른 사람에 비하여 전혀 손색이 없는 네가 그런 말을 입 밖으로 내는 것은 참으로 어울리지 않는 것이니라.
　안에서 그런 말이 생기는 것조차 금해야 한다. 자신이 있는 사람은 항상 힘이 넘치므로 결코 그런 말이 입 밖으로 나오는 법이 없다. 약자는 무슨 말을 해도 약자이므로 이해가 가능하나, 강자의 그런 말은 자신을 금방 약자의 위치로 끌어내리는 것이니 삼가야 할 일 중의 하나이니라.
　어떤 일이 닥쳐도 이를 악물 것도 없이 수련이라고 생각하고 깨쳐나가고 후에 돌아보면 아무것도 아니었음을 곧 알 수 있을 것이니 힘내도록 해라. 승리는 강자의 것이다.
　이제까지의 인내는 연습이니라. 이제부터 참된 인내를 배운다.

참된 인내는 용기에서 나옴을 잊지 않도록 해라. 용기는 강자의 기본 조건이다. 강자의 길을 가라. 약함을 보이지 말아라. 강함이 있는 한 누구도 너를 건드리지 못할 것이다. 노력해라.

알겠습니다.

92
기는 곧 의지

　강자의 윤리는 수련에서 가장 먼저 나타난다. 수련 조건이 가능한 사람은 기적氣的으로 어느 정도의 상태에 올랐을 경우이기 때문이다. 기적으로 약한 상태에서는 절대로 뚫고 나갈 수가 없다.
　이 기적이라 함은 의지이다. 인내로 혼합된 의지가 곧 기인 것이다. 기란 그 사람의 마음에 다름 아닌고로, 마음이 강하다 함은 곧 기가 강한 것이며, 마음이 약하다 함 역시 기가 약한 것이다.
　마음이 약하고 기가 강한 것도, 기가 약하고 마음이 강한 것도 있을 수 없는 것이다. 항상 양자는 함께 가고 있으며 그 둘이 모여야만 같이 갈 수 있기 때문이다.
　모든 조건은 강자에게 우선적인 것이 우주의 법칙이다. 강자는 서열이 위인 것이며 우주는 이 강자에 의해 정향正向으로 주도된다. 강자는 모든 것이 정법正法이고 정향正向이며 정심正心이고 정원正源이며 정사正思이고 정행正行인 것이다.
　약함은 강자가 버려야 할 첫 번째 조건이다. 자신에게 확신을 가질 수 있도록 '파워'의 공급을 원활히 할 수 있는 호흡을 게을리 하지 말아라. 모두 호흡이니라.

알겠습니다.

93
강자의 윤리

강자는 유념할 것이 있다. 자신의 강함으로 타가 피해를 입는 일이 없어야 한다는 것이다. 피해가 없어야 한다는 것은 약자가 강자에 의해 자신의 길을 벗어나는 일이 없어야 하고, 벗어나도 정향으로 상승되어야지 하강되는 사례가 없어야 한다는 것이다.

강자의 견인력은 상상을 초월하는 힘이 있다. 예수나 부처를 예로 들 것도 없이 강자의 견인력은 우주를 정향으로 이끄는 힘 중의 하나이며, 그 견인력으로 물物이 아닌, 물의 주인이자 근본인 마음心을 이끈다는 것이다.

심에 대한 견인력은 그 강도를 나타낸다. 욕심에 의해 생긴 것이 아닌 참견인력은 인류에게 있어 반드시 필요한 지도력이다. 이 지도에 의해 지구가 점차 정향으로 선회하게 된다.

지구가 아직은 완전한 정향이 아니다. 완전한 정향이 되는 것에 일조를 할 수 있도록 해라. 너에 의해 가능한 부분이 있음이니라.

긴장하라

　항상 긴장하라. 긴장은 평온 속에서의 긴장이다. 너무 과하지도 덜하지도 않은 긴장이다. 이런 긴장은 적당한 공부와 운동과 수련으로 찾을 수 있다. 모든 일에 때를 놓치지 않는 것은 이 긴장에서 이루어진다.
　'때를 놓치지 않는다' 함은 적시에 목표하는 바를 낚아챌 수 있음을 말한다. 이 긴장은 시와 때를 불문한 긴장이 아니요, 항상 느슨한 듯하면서도 결정적인 순간에 취하는 순발력이다. 이 순발력은 평소 적당량의 긴장이 있고서야 가능한 것이다.
　과도한 긴장은 수련에도 방해가 되는 것이며 매사를 그르치는 원인이 되는 것이나 속(俗)에서의 적당한 긴장은 자신이 처리해야 할 일을 적시에 처리할 수 있도록 해준다. 그 적시란 하늘의 때이다. 시기를 놓치지 않도록 하라. 시기를 놓치지 않는다 함은 무엇보다 중요하다.

확신과 자만

　화영아. 모두 너의 것이니라. 수련으로 인하여 모두 너의 것이 되는 것이니라. 많은 고비를 잘 넘겨왔다. 그렇게 하면 된다. 그렇게 함으로써 너는 자신에 대한 확신을 가질 수 있을 것이다.

　확신과 자만의 경계는 지속적인 노력이냐 거기서 멈추느냐에 있다. 확신은 그 이전의 상태가 더욱 강화되어 태도에 변함이 없는 것이고, 자만은 그 이후 태도가 바뀌는 것이다.

　확신을 가져라. 확신은 가장 큰 힘이다. 이 세상에 살아가면서 확신보다 더 큰 힘은 없다. 확신은 모든 것을 가능케 해주는 것이니라. 이제부터 뜻을 세우는 일이 남았다. 이제 뜻을 세우면 모든 것이 이루어진다.

　이제까지 생각하고 있던 것은 뜻이라고 할 수 없느니라. 뜻은 우주를 위한 것이어야 한다. 속俗에서의 어떤 직책이나 자리에 대한 것은 감히 뜻이라고 할 수 없느니라. 참으로 뜻이란 그 힘으로 우주를 움직이는 것이어야 한다.

인간의 힘은 유한한 것 같아도 무한하다. 정신력이 우주에서 오는 '에너지'를 받기 시작하면, 그 사람의 힘은 거의 '무한 에너지화' 한다. 이 무한 에너지는 이 우주에 없으면 저 우주에서라도 끌어올 수 있는 힘인 것이다.

노력해라. 노력으로 너의 위치를 확고히 굳히고 계속 정진해라. 가능하다. 아직은 뜻을 세울 필요가 없으나 일정 위치에 도달하면 뜻이 있어야 하느니라.

그 뜻은 천상천하를 울릴 것이다. 그 뜻은 광대무변한 우주를 울릴 것이다. 그 뜻은 우주를 움직일 것이다. 그 뜻은 우주를 네 것으로 만들 수도 있을 것이니라.

인간의 노력은 가능성에 있다. 가능성은 무한한 힘이다. 그 무한한 힘이 적시에 적절히 사용될 수 있도록 하여라. 멀지 않다. 그리고 된다. 가볍게 생각하되 신중히 밀어붙여라. 오차의 인정 범위는 극히 미세하다. 정확하게 행동할 것을 요한다.

알겠습니다.

마음을 움직일 수 있어야

이 세상에 힘들지 않은 일은 없다. 힘듦으로 인하여 그 힘에 의해 값어치가 있는 것이다. 처리 과정에서 힘이 드는 경우가 있더라도 부드럽게 넘어갈 수 있도록 하라. 사람의 마음을 움직일 수 있으면 우주를 움직일 수 있다.

사람의 마음을 움직이지 못하면 이 세상에는 움직일 수 있는 것이 하나도 없다. 수련에서 '움직임'은 의사가 개입된 이동을 말하는 것이지, 무의미한 움직임을 표현하는 것은 아니다.

모든 것이 의사가 있음으로 인하여 그 의미가 새롭게 부여되는 것이며, 이 새로운 의미는 곧 발전이니 곧 우주의 법칙에 순응하는 것이니라. 인간 역시 발전을 위한 왕성한 노력을 함으로써 자신이 필요로 하는 위치에까지 올라야 하는 고로 끊임없는 노력이 필요한 것이다. 이 노력은 지속적일 것을 요한다. '파워'는 공급된다. 노력해라.

사람이란

　사람이란 확실한 자기의식을 가지고 움직이는 인간을 말한다. 수련에서의 사람이란 뚜렷한 자기의식이 있는 경우를 말하며 자기의식이 없는 경우는 살아 움직인다 하더라도 무생물에 가깝다고 할 수 있다.

　의식은 자기의식이다. 그냥 살아 움직이며 행동을 한다고 사람이 아니며 그 모든 것이 의식이 있어야 한다. 이것을 한다고 하면서 하는 것과 그냥 몸이 움직이는 것은 다르다. 그냥 몸이 움직이는 것, 자기의식이 없이 움직이는 것은 수련에서 말하는 움직임, 즉 행동의 범주에 포함되지 않는다.

　행동 역시 '의식+몸놀림'인 것이다. 따라서 의식과 함께 행동하는 사람을 수련에서 사람이라고 일컫는 것이다. 이 사람을 움직일 수 있으면 우주도 움직일 수 있다. 이 사람만이 참수련이 가능한 것이다. 사람이 되도록 하라.

도리와 인내

무릇 사람이 세상(이승)에 살면서 해야 하는 일 중에는 도리와 인내가 있다. 둘 다 고통이 따르는 것이며 둘 다 치르고 나면 즐거움이 따르는 것이다. 이 두 가지를 모두 충족시킴으로써 수련의 고비를 넘기는 것이 한결 쉽게 된다.

둘 중의 한 가지가 부족한 경우는 다른 한 가지로 대충 보완이 가능한바, 가급적 제 몫으로 자신의 부분을 채우기 위해 노력해야 한다. 당연히 해야 할 일 중의 하나인 도리는 지상의 도리가 우주의 도리와 비슷하기는 하나 전혀 같지는 않다.

약간의 차이는 마음이 가는 방향으로 일을 진행하면 처리가 쉽고 빠르다는 것이다. 이 마음이 가는 방향이 대개 정향이라고 볼 수 있다.

사람에게는 일이 있으며 그 일은 사명인 경우와 사명이 아닌 경우가 있는바, 사명인 경우는 반드시 해야 하나 사명이 아닌 경우는 하지 않아도 무관하다.

사명은 수련의 최종 목표로서 객체에서 주체로 입장 전환이 이루어진 후 실시되는 것이다.

알겠습니다.

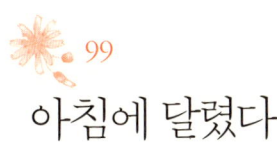
아침에 달렸다

사람의 하루는 아침에 달렸다. 아침을 알차게 보내면 하루가 알차게 전개될 것이다. 아침에 해를 보고 심호흡을 10여 회 한 후 새롭게 각오를 다져라. 아침에 생각을 굳히면 하루가 간다. 월초에 굳히면 한 달이 가고 연초에 굳히면 일 년이 간다. 매일 아침 각오를 굳히는 것은 수련을 쉽게 해준다. 자신에 대한 각오로 고비에 대한 대처 능력이 굳어지는 것이다.

이제부터는 세상일의 모든 것이 수련에 연관된다. 작은 일 하나라도 수련에 관계되지 않는 일이 없다. 모든 것에 대한 판단과 행동이 점검된다. 판단은 자신이 하되 평가는 하늘이 한다. 하늘의 판단에는 착오가 없다.

마음이 항상 정향을 향하게 하고 정심으로 노력하면 정각에 도달할 수 있다. 하늘은 인간의 참된 노력에 그대로 있는 법이 없다. 참된 노력은 그만치의 효과를 가져오는 것이다. 노력해라. 때로는 쉬는 것도 노력이다.

100

사람의 하루

　사람의 하루는 그 결과가 사람다워야 한다. '사람다워야 한다' 함은 그 하는 바가 그렇다는 것이다. 과정, 결과는 물론 동기까지도 아름다움으로 차 있어야 하며 번뇌가 없어야 한다. 번뇌가 있는 행동은 심신의 불일치에서 나온다.
　항상 심신이 일치할 수 있는 행동을 하도록 해라. 수련에서는 특히 심신이 일치할 것을 요한다. 심신의 일치 정도가 높을수록 집중도가 높다.
　번뇌가 없도록 하라. 번뇌는 수련의 가장 큰 적이니 번뇌에서 해방되면 수련 속도가 상당히 빠를 것이다. 번뇌에서의 해방은 심신의 일치를 필요로 한 만큼 항시 생각하는 바와 행동하는 바가 같을 수 있도록 하라.

그리하도록 하겠습니다.

 101

불필요한 만남

　두 사람 모두 원하는 것은 한 가지이다. 수련은 만남을 유지하기 위한 구실일 뿐이다. 한때 수련 의욕이 없었던 것은 아니나 궁극의 목적은 다른 데 있는 것이다. 돌릴 수 있는 방법은 없다.
　또 돌리지 않는다고 이쪽에서 문제가 있는 것도 아니며 업이 되는 것도 아니다. 그들이 원하는 길로 갈 경우 엄청난 실망은 서로 감당하지 못하는 선으로 갈 것인바, 어찌 일부라도 생각을 하는 것이냐?
　마음이 약해지는 것은 그 자체가 하나의 유혹이라고 볼 수 있다. 신경 쓰지 않아도 되며 수련으로만 대함이 좋다. 수련은 궁극의 목적이니 그들이 따라오고 안 오고는 별개의 문제니라.
　이런 것은 그들에게도 좋은 기회가 될 것이다. 풀고 안 풀고는 그들의 문제이며 너와는 무관하다. 행여 실수 없도록 해라. 끊을 것은 과감히 끊어야 하는바, 이런 것이 그 중의 하나이다. 수련으로만 대하도록 하여라.

102

의지는 운명의 변수

항상 너의 발전은 자신에게 달렸다. 자신을 가꾸고 다듬는 정성에 의하여 우주의 도움이 있는 것이며 따라서 아무리 천운을 타고나도 스스로 가꾸고자 하지 않으면 도와줄 방법이 없다.

의지는 운명의 가장 큰 변수이다. 의지가 작용하는 한 운명도 비켜갈 수밖에 없다. 이 의지 강화는 수련보다 더 좋은 방법이 있을 수 없다. 호흡으로 다듬어진 강기強氣는 자신自身이며, 이 강기로 돌파하는 힘은 의지인 것이다. 수련은 자신을 잘 다듬고, 이 잘 다듬어진 자신으로 주어진 목표를 잘 돌파해 나갈 것을 요한다.

난관이 얼마나 있는가는 자신의 연마도에 따라 전혀 문제가 되지 않을 수 있다. 본인의 연마는 평소에 꾸준히 하는 것이 가장 효과 있으며 가장 잘되는 것이기도 하다. 평소 본인의 관리에 충실한 사람이 수련도 충실할 수 있고 가능하며, 본인 관리에 게으른 사람은 수련도 어렵다. 자신을 닦는 데 게으름이 없도록 하라.

그리하도록 하겠습니다.

　　너는 자신을 잘 닦으므로 수련이 잘되는 것이다.

감사합니다.

선善의 확장

　항상 모든 일은 조심해서 할 것을 요한다. 호흡을 가다듬고 차분히 시작하는 버릇을 들이며 어떤 일이든 한 호흡의 차이를 두면 서두를 일이 없다. 급한 일일수록 반드시 호흡을 사이사이에 끼워 실착하는 일이 없도록 하고, 모든 일에서 차분함은 우선 호흡에서 나온다는 사실을 잊지 않도록 하라.
　매일의 기상氣象도 원하는 대로 조절이 가능하다. 허나 기상에는 타 담당자가 있으므로 손대지 않는 것이 좋다. 기 운용 시 순리에 따르고, 때로는 순리가 아닌 경우가 있으니 그것이 보일 때만 조치를 하도록 하여야 한다.
　천상의 직무 중에도 때로는 지상에서 수행하여야 하는 것들이 있는바, 선善의 확장이 그것이다. 선은 아무리 펴도 모자라는 것이니 선을 펴는 데 주력하도록 하라.
　무엇이든 한 호흡 뒤로 물러서면 물러서는 만큼 선에 가까워진다. 악은 급함에서 오고 급함은 순서를 어기는 것이니, 한 호흡으로 선을 행할 수 있도록 하라.

그리하도록 하겠습니다.

　　성질이 느긋한 것과 호흡으로 늦추는 것은 근본이 다르니라. 마음이 작용한 탓이다.

알겠습니다.

· · · · ·
항상 너의 발전은 자신에게 달렸다.
자신을 가꾸고 다듬는 정성에 의하여 우주의 도움이
있는 것이며 따라서 아무리 천운을 타고나도 스스로 가꾸고자
하지 않으면 도와줄 방법이 없다. 의지는 운명의 가장 큰 변수이다.
의지가 작용하는 한 운명도 비켜갈 수밖에 없다.

 104
원인보다 결과가 중요

항상 어떤 일을 할 때는 원인보다 결과가 중요하다. 정확하고 정당한 과정을 거친 결과는 어떤 것보다 중요함을 지닌다. 모든 일은 원인이 있고 결과가 있는 것이며, 그 원인에 앞서 원인의 원인이 있는 것이다.

그리고 결과는 또 하나의 원인이 되는 것인데, 그것을 원인으로 규명하기가 쉽지 않으나, 당장에 보이는 것이므로 자신의 일에 대해 판별이 쉽다. 항상 정당한 과정에 근거한 결과가 도출될 수 있도록 하라. 너는 글이다.

세상은 우연히 굴러가는 것 같아도 우연히 되는 것은 없다. 모두 '스케줄'에 의해 일어나고 거두어지는 것이다. 다만 천상에 소속돼 있는 경우 100% 예정이 된 일이고, 중천은 60%, 하천은 40% 이하 예정돼 있으므로, 하천으로 갈수록 실수의 위험이 높아 성취가 어렵다고 볼 수 있다. 매사에 긍정적인 반응을 보이는 것은 좋으나 상대방이 착각하지 않도록 해야 한다.

물物은 인간을 위해 존재

　가볍지 않게 처신하도록 하라. 한 마디, 한 걸음, 한 번의 손짓으로 천하를 움직일 수 있어야 한다. 모든 것은 작아 보이나 작은 것이 아니고 커 보여도 큰 것이 아니며, 항상 일정한 크기와 무게를 지닌 것이니 그 내용을 파악하면 실체를 움직일 수 있느니라.

　언제나 나를 움직이는 것은 우주여야 한다. 사소한 물질에 마음을 움직이는 일이 없도록 하라. 물에의 집착은 속인의 대표적 속성이다. 물에서의 완전한 해방은 현세에서는 불가하다. 정신적으로 모두 손아귀에 넣을 수 있도록 하라. 네 휘하에서 부릴 수 있도록 해라.

　물은 인간을 위해 존재한다. 인간이 물을 위해 존재하는 것이 아니다. 우선순위를 분명히 하고 처신의 기준을 정해라. 이 세상의 어느 것이고 네가 갖지 못할 것은 없다. 정신력으로 지도자가 될 준비를 해라.

 106

물物에서의 해탈

물에 대한 잡념은 수련에 방해가 되는 가장 큰 요소이다. 대부분의 사람들이 물에 대한 욕심 때문에 수련을 하지 못한 것을 제외하더라도, 현재 수련 중인 사람들도 완전한 해탈은 하지 못하고 있는 실정이다.

물에서의 완전한 해탈은 어려울 것이다. 물에서의 완전한 해탈이 어렵다면 이를 유효 적절히 사용함으로써 수련에 긍정적인 역할을 할 수 있도록 함이 필요한바, 이렇게 되기 위하여는 긍정적인 방법으로 해결될 것을 요한다.

즉, 절약과 절제로 벗는 법과 풍족과 여유로 벗는 법이 있는바, 풍족과 여유로 벗는 법이 낫다는 것이다. 사람에 따라 다르나 모든 것은 긍정적으로 벗어야 한다. 어떤 욕망이든지 긍정적으로 풀고 넘어가는 것이 상근기의 경우 도움이 될 것이다.

상근기는 대개 큰 욕심이 없는 경우가 대부분이므로 상근기의 욕심은 쉽게 충족될 수 있다. 쉽게 벗을 수 있는 것은 쉽게 벗는 것이 좋다.

  알겠습니다.

최근의 생활에 대해 만족하고 있느냐?

  만족하고 있습니다.

더 이상 원하는 것은 없더냐?

  없습니다.

불편은 없더냐?

  없습니다.

수련이란 일정 고비를 넘기면 편하게 진행된다. 주변의 잔가지를 쳐내는 작업은 힘겨움이 있으나 본줄기만 서 있으면 수련이 쉬울 수밖에 없다. 너는 이제 수련의 본줄기에 진입하였으며 앞으로도 순조롭게 진행될 것이다. 본궤도에서 수련 중 조심해야 할 사항은 아래와 같다.

 1. 입을 무겁게 가져 내용을 자체 내에 간직하며
 2. 항시 수련에 들 때마다 자신을 다시 생각하고
 3. 수련 중에는 가급적 잡념이 없도록 하며
 4. 주변 정리에 노력하여 가급적 생활을 간결히 하고

5. 검소하게 생활하는 버릇을 들이도록 하라.

쉽게 벗을 수 있는 것을 지나치면 오히려 안 한 것보다 못하니, 어떤 면에서든 지나치는 일이 없도록 해라.
　　알겠습니다.

항시 유의하여 한계 내에서 수련이 가능토록 하여라.
　　그리하도록 하겠습니다.

107
수련 중이라는 사실

언제나 잊지 않아야 할 것 중의 하나는 수련 중이라는 사실이다. 수련 중이라 함은 항상 우주와 일치되어 간다는 것이며 분리될 수 없는 상태라는 뜻이기도 하다. 분리될 수 없는 상태가 분리되면 갈등이 온다. 이 갈등은 분리의 폭이 넓을수록 심하게 되며 좁을수록 약하게 된다.

우주의 평소 상태는 기쁨에 가까운 평온 상태이다. 기쁨에 가깝다 함은 미소를 머금는 정도의 약한 기쁨에 싸여 있다는 뜻이다. 나쁜 일도 없고 그저 약간 좋은 상태이므로 항상 긍정적인 방향으로 발전을 해나가게 되어 있는 것이다.

이 상태에 가까울 때 모든 일이 가장 잘 판단되고 해결될 것이다. 호흡에서 멀어지지 않으면 항상 마음이 평온하다. 호흡의 조정력은 어느 것이고 조정하지 못하는 것이 없다. 조정 가능한 힘을 가지고 있으면서 조정하지 못한다는 것은 가지고 있지 않은 것만도 못하다.

호흡은 때로 잘못 사용하면 치명상이 되는 경우도 있으며, 멈추면 생명이 정지된다. 항상 호흡으로 수련에 가까이 있도록 하라.

알겠습니다.

 108
작은 일에 소홀하지 말아라

항상 매사를 신중하게 처리하라. 수련에 든 사람은 가급적 행동에서 오차가 있어서는 안 된다. 작은 일 하나라도 신중히 처리함으로써 차후 돌아보는 일이 없도록 해라. 모든 것은 가급적 생각을 거듭한 후에 실행함으로써 실착이 없도록 하라.

한순간 한순간이 다시 돌아오지 않는 시간들이다. 현재에 충실함만이 모든 것을 다시 확인치 않아도 되는 방법이 될 것이다. 작은 일에 소홀하지 마라. 작은 일에 충실하면 큰일은 저절로 된다.

그리하도록 하겠습니다.
  작은 일을 잘 챙기도록 하여라.

알겠습니다.

 109
고행이란

 수련이 진행되어 갈수록 점차 행동을 조심해야 한다. 점차 양심이 맑아지게 되면 작은 일이 마음에 걸리게 되고, 그 작은 일로 인한 번뇌가 예전의 큰일을 잘못한 것만큼이나 걸리게 되는 것이다.
 수련이란 그런 것들을 점차 걸리지 않도록 닦아내는 것으로서, 그 닦아내는 과정이 긍정적인 방향으로 움직여야 한다는 것이다. 마음이 맑으면 모든 것은 절로 맑아지게 되어 있다. 맑은 마음을 유지하는 일은 자신만이 가능하다.
 좀 더 큰 목표, 좀 더 큰 깨달음을 얻기 위해서는 좀 더 자신을 희생해야 할 필요가 있다. 이 희생이란 수련을 위해 평소 하고 싶었던 것들을 줄이는 것을 말하는 것인바, 이 과정을 고행이라고 부르기도 한다. 고행은 언젠가는 필요하다.
 다만 평소 하고 싶은 일을 없도록 만드는 것이 반드시 고행만이 아닌 경우에는 타 방법을 사용하여 그 마음이나 욕심에서 벗어나는 것도 가하다. 수련은 마냥 힘겨운 것만은 아니다. 언제나 즐거움을 위한 전진이니, 항시 마음을 즐겁게 가지면 모든 것이 즐겁게 느껴질 수 있는 것이니라.

그리하도록 하겠습니다.

갈등의 원인은 자신

　수련이란 갈등 해소 과정이다. 수련에 들어 있는 한 크고 작은 갈등이 계속 나타나는 것이다. 이런 갈등이 닥쳐왔을 때 이 갈등의 원인이 자신이라는 것을 안다면 그 갈등은 극복될 것이나, 자신이 아니라고 생각한다면 그 갈등의 진폭은 끝없이 확대될 것이다.
　갈등은 자신의 몫이며 자신의 부담이고 자신의 내부에서 해결 방법을 찾아야 하는 것들이다. 모든 업의 원인도 '나'이며 따라서 받아 넘겨야 하는 주체도 '나'인 것이다. 나는 항상 수련의 주체이며 대상이며 출발점이자 도착점이기도 한 것이다.
　수련의 전제는 어디까지나 '아我'이며 모든 것은 나를 중심으로 풀어야 하는 것이다. 나는 지상 최고의 가치이며 또한 둘도 없는 소중한 주체이기도 한 것이다.
　이 세상의 모든 원인은 나에게서 시작되었으며 나에게서 종결되는 것이니, 수련이 진전되어 갈수록 나를 통제하는 방법이 점차 어려워져 갈 것인즉, 이는 작은 것 하나도 그 원인이 보이게 되는 탓이니라.

  그 원인이 바로 '나'임은 사고의 방향이 나여야 한다는 것을 말해주는 것이니라. 나의 중요함을 알고 나 위주의 수련을 해라. 수련은 '나'를 위해 하는 것이니라.

알겠습니다.

    나이니라. 나밖에 없느니라.

급한 것을 뒤로 돌려야

저의 값어치는 어디에 있는지요?

너의 성性이다. 어쩔 수 없는 너의 성(본체, 거의 완성된 것) 때문에 수련을 시키는 것이니라. 그 성은 우주에서도 귀한 것이다. 대개의 인간이 때 묻지 않고 성장했더라도 수련을 안 하였거나, 수련을 하더라도 때가 묻어 더 이상 진전이 안 되는바, 너는 계속 수련으로 인한 이익까지도 뿌리치며 걸어오므로 참으로 귀한 면을 보이게 된 것이니라. 그 점, 즉 성을 높이 사서 너를 귀히 보는 것이니라.

다른 것은 어떤지요?

한번 집착하면 놓지 않는 집集도 있다. 너는 이 집(모이다, 성취하다, 이루다, 이루어지다)에 의해 수련의 끈을 잡음으로 인하여, 타고난 영감으로 자신의 자리를 찾는 데 성공하였다.

감사합니다.

    금후의 수련은 종전과는 약간 다른 방향으로 나갈 것인바, 무엇보다 서두르지 않는 것이 중요하다. 도의 길은 절대로 서두르지 않을 것이 전제가 되어야 한다.

  서두르지 않아야 여유가 생기고 여유 속에서 매사를 정확히 판단할 수 있는 능력이 생기는바, 이 정확한 판단이 점차 배양되면 예측이 되는 것이다. 예측이란 그 변화가 우주의 공식이므로 기본을 알면 범사의 예측은 그리 어렵지 않다.

  서두름은 급한 것에서 비롯된다. 급하지 않은 것은 서두르지 않아도 급하지 않은 것이다. 가장 급한 것을 가장 뒤로 미루는 지혜가 중요하다. 가장 급한 것은 가장 중요한 것이기도 한바, 이런 것을 하루 한 가지씩 자신의 일의 맨 뒤로 돌리는 것이다.

  이 순서는 실생활에서와 수련에서 약간 혼동이 될 우려가 있는바, 실생활은 예전대로 하며 다만 수련 중에 떠오르는 것에 대해 뒤로 돌리면서 진행한다. 더 이상 급한 것이 없을 때 본성(ID: Identification) 정리의 준비가 끝난 것이다. 그 단계에서 우리의 마음의 원상태가 보이니 그것이 본성인 것이다. 본성의 정리는 그 후에 시작된다.

  가장 중요한 것을 가장 뒤로 돌린다 함은 제일 중요한 것을 맨 마지막에 처리한다는 뜻과도 동일한 것이며, 항상 가벼운 것을 처리하고 나면 힘이 그만큼 남으므로, 후에 무거운 것을 처리하는 데 큰 힘이 들지 않는다.

항상 정리는 가벼운 것부터 하는 것이며, 무거운 것은 뒤로 돌려 후에 정리하는 것임을 알고, 실수 없도록 선별에 유의하라. 고생했다. 이후의 고생은 견딜 만한 것일 것이니라. 모두 예정되어 있던 일이다.

감사합니다.
맑아야 한다. 맑아야 갈 수 있느니라.

알겠습니다.

 112

극선極善도 나쁘다

사람의 일생은 결코 짧은 기간이 아니다. 60여 년 중 30년을 헛되이 보낸다고 해도 나머지 30년으로도 개아開我는 가능하며, 30년까지 갈 것 없이 단 1년, 단 몇 달의 정진精進, 아니 단 1주일이라도 해본다면 파아破我의 시발은 있을 것인즉, 수련의 근처에서 서성이는 사람들이 직접 자신을 두드려 보지 않고 다른 방법을 사용함으로써 결국 자自가 아닌 타他의 확인으로 그치는 경우가 많은 것이다.

도란 극히 평범한 상태로 돌아가는 훈련이며, 인간이 자신의 도리를 벗어나 파장이 바람직스럽지 못할 때는 우주에서 이를 원치 않는 자정自淨의 파장으로 교정하게 되는데, 이것을 일러 천벌이라 하기도 하고 반대되는 것을 복福이라고 하기도 한다.

우주는 의식체로서 '자기 치료 능력'이 있으며 이 '자치능'은 우주의 의식이 작용하기 전의 원상태에서 나오는 것이다. 인간의 몸은 우주와 유사하게 되어 있으며, 인간 몸의 '자치능'은 병을 고치는 것으로 나타나나, 우주의 '자치능'은 인간에 대한 길흉화복으로 나타나게 된다.

　이 우주의 '자치능'은 비, 바람, 눈, 사계 등등 모든 자연 활동으로 나타나기도 하며, 각각의 부분을 관장하는 자치 체계가 완비되어 있는 것이다. 그러나 우주는 항상 중간에 위치하려는 속성이 강하므로 자체에 +만큼의 -를, -만큼의 +를 항상 간직하게 되며, 이를 적절히 활용한다면 상당히 포괄적인 발전이 가능하나, 어느 한편으로 치우치면 극단주의가 되어 결국은 이루지 못하게 되는 것이다.

　정正의 방향으로 추구하되 도의 방향을 이해하면 모든 것이 전진될 수 있으나, 정의 방향만 고집하고 도의 방향을 이해치 않으면 그것 역시 바람직스러운 것은 아니다.

　또한 -의 방향으로 계속 추구하면 사邪의 공功을 얻게 되나, 자체가 발전적인 것은 아니며, 결국은 점점 더 사의 방향으로 깊이 들어가 나오지 못하는 것이 될 뿐이다.

　항상 부자가 가난한 사람을 이해하고 가난한 사람이 부자를 이해하면 하나가 될 수 있듯, 양 극단으로 치우친 상태에서는 상대극의 필요성이 증대하나 인식의 차이가 있으면 양립일 뿐 동화가 아니므로 하나가 되지 못하는 것이다.

　하나가 된 것은 중화를 거의 이룬 것을 말한다. 중화가 된 후 자체 정리의 과정을 거치면 극악인과 극선인은 중화가 가능하다. 극선은 극악과 함께 인간에게 바람직한 것은 아니다.

알겠습니다.

  중도를 지키도록 하라.

그리하도록 하겠습니다.

113
일정한 태도를 유지해야

　수련에 대한 태도는 항상 일정해야 한다. 서두르지도, 늦추지도 않는 일정한 태도가 수련을 정확하게 해줄 것이다. 서두르면 빠뜨리는 부분이 있을 것이요, 늦추면 못 나가는 부분이 있을 것이니, 매일 똑같은 마음가짐으로 수련을 하는 것이 필요한 것이니라.
　호흡수와 시간에 관계없이 똑같은 마음가짐은 수련에 가장 중요한 요소이니, 좋다고 흔들리는 일도, 언짢다고 흔들리는 일도 없도록 해라. 사람은 항시 주변 상황에 따라 그 기분이 좌우되는 것 또한 자연스러운 것이기는 하나, 주변 상황에서 벗어남으로 기분이 흔들리는 일이 없어야 한다.
　흔들리지 않음은 정관의 첫째 조건으로서 자신에게 마음 기반이 조성되어 있음을 나타내는 것이라고 볼 수 있다. 하늘은 흐리고 비 바람 불고 맑게 개는 것이 모두 자연스런 일이며, 그것은 하늘이 감정의 기복을 표현하는 것은 아닌 것이다.
　어떤 내용의 표현에 있어 감정의 기복이 없이 당연히 행사되는 일은 일정한 태도를 유지할 수 있을 때 이루어진다. 항시 일정한 태도를 유지토록 하라.

알겠습니다.

천명天命이란

천명이란 하늘의 순리대로 가는 것이다. 하늘의 순리란 전진이며 조화이며 완성이다. 자신의 결점을 극복해가며 점차 완벽에 가까워지는 것이다. 완벽이란 어떤 형체의 완성이 아니라 점차 엷어져 사라지는 것을 말한다. 사라져 보이지 않되 존재하는 것, 그것이 바로 완성인 것이다.

현상계와 기계氣界는 하나이나 나뉘어 있고, 기계에서 더욱 발전하여 우주계가 되면 기가 수만 개로 쪼개진 것보다 더욱 미세하여, 있으면서도 없는 것 같고 없으면서도 있는 것 같은 상태가 되는 것이다.

선경仙境은 기계 이상의 단계로서 모두 기의 상태로 관견觀見이 가하나, 비중이 1인 상태로서 구름을 탈 수도 학을 탈 수도 있으며 물 위를 걸을 수도 있는 것이니라.

천명은 모두 이런 완성을 향하여 움직이라는 하늘의 뜻이다. 하늘의 뜻은 발전이며 발전은 우주화이니, 인간계에서 수련으로

심心을 벗고 신身을 벗으면 즉시 선계로 상승할 수 있어야 한다.

열심히 노력하겠습니다.

아직은 부족하니라. 더욱 노력토록 하라.

알겠습니다.

115
우주는 내부에 있다

우주란 나의 내부에 있는 것이다. 나의 내부에 있음으로 인하여 변화가 가능하고 변화가 가능함으로 인하여 나의 우주화가 가능한 것이다. 나의 우주화는 내가 우주가 되는 것으로서 우주의 일부가 되는 것과는 다르다.

현재도 우주의 일부로서는 존재하는 것이며, 수련이 진행되는 동안이나 진행되지 않는 기간에도 우주의 일부로서는 존재하여 왔던 것이다. 수련이란 나와 우주의 일치를 이루는 데 있으며, 일치는 흡수가 아닌 동질의 상태이면서도 나의 의식은 살아 있는 것이니 본인의 뜻이 우주에 반영되는 것이다.

우주는 크다. 우주는 넓다. 하지만 나도 크고 넓다. 의식이 우주보다 크거나 최소한 동일한 상태라도 되어야 통합이 가능하다. 우주는 흡수 통합이 없다. 모두 대등한 상태에서 합일인 것이다. 귀일하면 자연스레 합습이 된다. 동참보다는 본인의 일이 되는 것이다. 우주의 발전을 위해 일을 할 수 있도록 해라.

알겠습니다.

    멀지 않았느니라. 열심히 하도록 해라.

그리하도록 하겠습니다.

모든 것은 새롭다

 항상 모든 것은 새롭다. 새롭다는 것은 느낌이 변화한다는 것이다. 그 느낌은 내 느낌이며 내가 변함으로써 느낌이 달라지는 것이다. 이 느낌의 변화는 수련에서 상당히 중요하다. 변화되는 느낌은 곧 자신의 수련의 진도를 나타내주는 것이기 때문이다.
 점차 모든 것이 새로워지며 후에는 모래알 한 알까지도 새롭고, 먼지보다 더 작은 것들에게서도 새로운 면모를 보게 될 것이다. 그 새로움은 맑음이다. 어떤 것에서도 대부분을 차지하고 있는 맑음이다.
 생각이 있는 인간이 혼탁하게 해놓은 부분을 이 무생물이나 동식물들이 정화시켜 주고 있는 것이다. 인간은 그 지적인 능력으로 인하여 정화가 가능하기도 하고 오히려 탁하게 만들기도 한다.
 수련이 진전되면서 점차 자신의 주변에 있는 것들이 맑아지게 된다. 맑아지는 과정은 본인에 의해 영향을 받음으로써 그들도 점차 변화해가는 것이다.

항상 새롭게 생각하지 않아도 주변은 점차 변화하여 가슴 깊이까지 그 느낌이 들어올 것이다. 나로 인해 외부가 변하고 외부의 변화로 인해 내가 변하는 복합적인 작용은 서로 상승 작용을 일으켜 점차 속도를 빨리할 것이다. 대비토록 하여라.

알겠습니다.

 117
몸에도 의사가 있다

항상 아침 수련을 생활화하라. 아침은 그 날의 시작이니 아침에 호흡을 시작하면 그 호흡이 계속 이어 내려갈 수 있음이다. 그것을 체내에 습득시켜 놓으면 24시간 호흡이 지속될 수 있는 것이다.

몸이란 마음먹기에 따라 사용 가능한 물物이나, 이 몸이란 것은 습에 의해 타성이 붙어 나름대로 의사를 가지려 하는바, 마음이 지배하는 한 그대로 되지는 않는 것이다. 몸의 의사에 따르지 않도록 마음을 강화해라.

원래 우주의 모든 것들은 마음에서 시종始終이 일어나는 것이며, 마음으로 모든 것이 통제 가능한 것이니, 마음으로 통제하여야 하는 것 중에 가장 앞서는 것이 몸인 것이다.

몸을 통제하지 않으면 수련의 길에 들어 옆길로 나가기 쉬우며, 한번 옆길로 나가면 다시 들어오기 어려우니, 모든 것은 몸이 원하는 것의 절제가 필요한 탓이니라.

몸이 원하는 대로 가면 고비를 넘김에 힘겨울 것이요, 평소 몸을 통제하는 연습을 꾸준히 한다면 고비에 이르러 쉽게 넘어갈 수 있을 것이다. 몸은 수련에 가장 큰 적이자 동지인 것이다.

알겠습니다.

  수신修身에 노력하라.

그리하도록 하겠습니다.

118
충격 요법

벗어난다 함은 마음에서 벗어나는 것이다. 마음에서 벗어나기 위하여는 마음보다 호흡에 더욱 정진할 것을 요한다. 호흡에 빠지면 자연히 마음을 벗을 수 있으나 마음에서만 벗으려고 노력하는 한 벗어지지 않을 것이다.

벗어나는 방법이 곧 호흡이니 이 호흡을 충실히 함으로써 모든 것은 너를 떠나는 것이다. 초양성(100% 양성: ++)의 작용은 수련에 가장 큰 방해가 되는 경우도 있는바, 그 때의 갈등은 인간의 최고선最高善에 대한 믿음과 선仙에서의 최고선이 어긋나는 부분이 있음인데, 이 어긋나는 부분의 양보가 다른 부분처럼 쉽지 않으므로 여러 가지 힘겨움이 있게 되는 것이다.

모든 면에서 고비가 없는 수련은 없겠으나 특히 본성ID의 정리 과정에서는 고비가 고비답게 넘어가는 경우도 예상해 볼 수 있다. 약간의 충격 요법은 벗어남에 있어 가장 빠른 방법이 될 수도 있으며 이로 인해 탈피가 신속하게 이루어질 수도 있는 것이다.

충격은 자체가 정리 과정이다. 정리는 움직임이며 가라앉는 움직임이다. 아我에서 벗어나 우주로 다가설 수 있도록 하라.

알겠습니다.

 119
상상도 주의하라

　상상을 하는 것도 주의해라. 상상이란 것은 자신의 의식이 방향을 결정하는 가장 원초적인 부분이다. 그 사람의 인생은 이 상상에서 기본 방향이 잡히는 것이다. 상상을 몇 번 하고 나면 이미 마음 속에 구체화되기 시작하여, 이 구체화의 움직임은 서서히 다음 단계인 목표화의 단계로 진입하게 된다.

　목표화에 진입하게 되면 방향을 바꾼다는 것은 상당히 힘들다. 모든 것은 자신이 생각하지 않았던 말이 튀어나오는 데서 발단이 되는 경우가 대부분인바, 자아ego를 통과한 변형된 본성ID의 작용인 것이다.

　인간이 가진 기능 중에 상상만큼 무서운 것이 없다. 의식의 조절은 이 상상에서 시작이 되는 것이며 상상에서 기본 가닥이 잡히면 그 다음엔 호흡으로 밀어붙이는 것밖에는 없는 것이다.

　항상 아무렇게나 상상을 하지 않도록 해라. 상상을 제대로 하는 한, 모든 것은 제대로 나갈 것이다. 신속한 수련은 상상에서 온다.

상상력은 인간에게 부여된 가장 큰 축복이기도 하다.

알겠습니다.

    상상력을 잘 활용토록 해라.

그리하도록 하겠습니다.

120
가족 관계

가족 관계는 어찌해야 하는지요?

　　가족은 분신이다. 전생과 내생(앞으로의 생 전부)의 인연을 떠나 금생의 인연인 것이다. 금생의 인연은 전생의 인연에 유래된 바 있으나 후생(바로 다음의 생)과는 무관하고, 본인의 선택으로만 결정할 수 없는 부분이 있다.

　3생을 털어 부부의 인연은 아니되 금생에 들어 부부로 지정되었음은 서로 필요한 부분이 있기 때문이다. 한편의 음성陰性이 너무 강하므로 상대 성陽性이 죽어드는 경향을 보이는 것 역시 우주의 이치이다.

　즉, 필요해서 지정한 인연이므로 함께 살려야 한다. 자신의 기의 발산을 억제하여 상대방을 키워줌으로써 조화를 이루어야 한다. 내생에서 부부는 아닐지라도 역시 가까운 위치에서 함께 가게 될 것이다.

　대개 금생의 부부는 전생이나 후생에서 부부가 아닌 경우가 대부분인바, 금생에서 서로 좋은 인연으로 함께 감은 다음 생에서 자신을 위해 좋은 일이 될 것이다. 의식적으로 거스를 필요는 없는 일이니라.

알겠습니다. 가족에 대한 사고방식은 어때야 하는지요?

서로 자라온 환경이 다르고 가야 할 길이 다르다. 서로 상대의 방식을 자연스레 인정하고 지내야 한다.

그리하도록 하겠습니다.

호흡은 만물의 생성 원인

항상 모든 것은 마음에 원인이 있나니 마음에서 일어나는 번뇌의 싹을 없애는 방법은 호흡밖에 없느니라. 호흡은 우주 창조의 원동력이자 지탱의 힘이고 발전의 힘이니라.

조물주가 물物에 생기를 불어넣음으로써 이 호흡은 만물의 생성 원인으로 위치한바 되었으며, 마음에서 일어나는 모든 파동이 이 호흡으로 인해 잠재워질 수도 있는 것이니라.

호흡해라. 호흡으로 '파워'를 보충하고 감정을 잠재워 밖으로 흘리는 일이 없도록 하라. 호흡해라. 진도가 빠른 것은 결코 돌아볼 수 없는 손해가 될 확률이 큰 것이니라. 서서히 하도록 해라. 천천히 눌러 가면서 정리토록 해라.

알겠습니다.

집중을 약간 완화시켜라.

122
생각을 버려야

　세상에서 가장 믿기 어려운 것이 사람의 마음이다. 항상 이랬다 저랬다 할 수 있는 것이며, 이랬다저랬다 하는 것이 언제나 본인의 뜻이다. 수련은 흔들리지 않는 마음을 갖고자 하는 것이다.

　흔들리는 원인은 밖에 있는 것 같으나 언제나 내 안에 있는 것이며, 그 교정 방법 또한 내 안에 있는 것이다. 교정 방법은 다름 아닌 생각을 버리는 것이다. 전부가 안 되면 일부라도 버림으로써 다시 흔들리지 않는 위치로 돌아가는 것이다.

　흔들리지 않아야 만물이 정확히 보이며 또한 나의 위치도 바로 보이는 것이다. 이 세상 만물이 모두 흔들리지 않되 인간만이 흔들리는 마음을 가진 것은 인간만이 발전을 할 수 있다는 뜻이기도 하다.

　흔들림의 방향을 발전적인 방향으로 맞추되 조급함이 없이 서서히 나가야 한다. 서서히 나간다 함은 하루 한 호흡 이상 나가지 않는 것을 말한다. 한 발자국 나아가서 호흡을 가다듬고 또 한 발자국 나아가서 호흡을 가다듬고 하는 식으로 나아가야 한다.

　이런 수련 방법은 잃을 것도 없고 더 얻을 것도 없는 것으로서 가장 좋은 것이나, 현재와 같이 서둘러 2~3보, 5보씩 나아가는 것은 신체에 상당한 무리가 올 것이다.

　현재 상태에서 1일 1보는 수련을 거의 안 한다고 생각해도 갈 수 있는 양이다. 천천히 정리하도록 해라. 마음에 걸리는 바가 있는 것이 또한 수련이기도 하니라.

알겠습니다.

 123

공부란 공_空으로 채워

　원래 공부란 공空으로 채워나가는 것이다. 욕慾으로 채워서 흘러넘치는 것이 공부가 아니라, 공空과 허虛로 채워서 흘러넘쳐야 하는 것이다. 공부하는 사람의 그릇은 크고 넓고 깊어서 어느 것으로도 다 채우지 못하게 되어 있는 것은, 나머지 부분을 공부로 채우라는 하늘의 뜻인 것이니 어찌 다른 것으로 채울 수 있겠느냐?
　공은 비어도 빈 것이 아니요, 채워도 찬 것이 아니니 비어 있으면서도 차 있는 것, 그것이 바로 공이자, O이자, 우주인 것이다. 공부가 많이 될 재목일수록 빈 부분이 많아 공이 들어갈 곳이 있으나, 공부가 안 될 재목일수록 비어 있는 부분이 없어 공부가 들어갈 자리가 없느니라.
　마음을 비운다 함은 비움으로 채운다는 뜻이며, 이 비움이 곧 공부이니 공부로 채운다는 뜻이기도 한 것이니라. 공부에서 두각을 나타내는 사람일수록 비어 있는 부분이 많다.
　우주는 채우지 못하는 것이 없다. 채워도 채워진 것을 느끼지 못하는 것은 다른 것으로 채워지길 기대함에 연유가 있는 것인바, 우주로 채워야 할 부분은 결코 다른 것으로는 보충이 불가하니라.

　우주는 만능이나 인간이 만능이라고 생각할 때 만능인 것이다. 우주를 느끼지 못하고 원하지 않는 상태에서는 있어도 없는 것이요, 그 상태에서는 언제나 비어 있는 것 같을 것이다. 우주는 '혼'이요, '공空'이요, 'O(제로)'이니 비어 있으면서도 없는 것이 없는 것이다.

　인간의 힘으로 우주를 느낄 수 있는 방법은 호흡밖에 없다. 호흡만이 우주를 느끼고 내 것으로 만들어 동화시킬 수 있는 유일한 방법이니라. 공은 그 자체가 완성의 모습이다. 모든 것은 가득 차면 빈 것과 동일한 것이니 달이 차고 기우는 것 역시 하나이지 둘은 아닌 까닭이다.

　천지 만물이 모두 공에서 나고 공으로 돌아가니 공으로 채우면 만물이 곧 내 것이 될 것이니, 공부로 채우면 모든 것이 다 내 것이 될 것이니라. 힘내도록 하여라. 힘든 고비는 멀지 않았느니라

알겠습니다.

　　열심히 하되, 천천히 하도록 하여라.

그리하도록 하겠습니다.

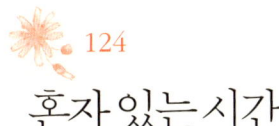 124

혼자 있는 시간

　모든 것을 봄에 여유가 있게 해라. 여유는 만물 생성의 또 하나의 원인이니라. 여유가 있어야 어떤 일을 하고 싶은 마음이 생기듯, 좀 더 천천히 여유를 가지고 임할 것을 요한다.
　여유의 발생 방법 역시 호흡이다. 기운과 무관한 호흡으로 여유를 찾아라. 때로는 하늘도, 우주도 없이 혼자여야 할 필요가 있는 까닭은, 그 때야말로 진정 자신의 위치를 돌아보고 그간의 내용들을 복습할 시간이기 때문이다.
　수련에서 혼자 있는 시간은 참으로 중요하다. 혼자 있는 시간에 거두어지는 결실은 크다. 무시할 수 없는 결과가 대개 혼자 있는 시간에 나타나는 것이니, 이는 시간을 내적 탐구에 돌림으로써 결국 내 안에서 우주를 찾아내는 것이니라.
　수련의 무서움은 독련獨練에서 나온다. 진실로 독련의 돌파력은 상당한 데가 있는 것이며, 아무리 나아가도 부족함도 남는 것도 없는 것이다. 너는 독련으로 가고 있다. 독련은 모든 것을 보장해 줄 것이다.

감사합니다.

　　　감사할 것 없다. 모두 네 것이니라.

알겠습니다.

칭찬

너는 그릇이다. 큰 그릇이다. 너의 성공은 물론 자신의 자질에 근거한 바가 99%라고 할 수 있으며, 나(천강 스승님)의 도움은 1%에 지나지 않을 것인바, 그 1%도 한꺼번에 주어지는 것이 아니라 전 수련 기간을 통해 조금씩 나뉘어 가므로 충분히 만족스럽지는 않을 것이다.

아니 너는 자체 내에 모든 것을 갖추고 있다. 모든 것을 갖추었으나 정리가 되지 않음으로 인하여 어수선하며, 그때그때 끌어져 나오지 않으므로 순서가 혼동되는 경우가 가끔 있는 것이다.

너는 그릇이며 후일 큰일을 할 것이니 수련에 소홀함이 없도록 하여라.

감사합니다.

성性

이승은 싸움의 연속이다. 이 싸움은 자기 자신을 극복하였을 때 끝나게 되며 그 다음엔 배움만 있다. 이 싸움의 과정에서 모든 사람들은 육신 편을 드는 경우가 대부분인바, 수련 중에 있는 사람이라면 성(性:인간의 마음을 관리하는 우주 만물)의 편을 드는 것이 바른 것이다.

성은 고요하다. 성은 가득하며 성은 항상 흘러넘치는 것이다. 성은 흔들림이 없다. 성의 세계에는 바람도 없으며 그저 소리 없이 흘러넘치는 것, 이것이 성인 것이다.

성이란 고요이며 침착이고 그러면서도 행동이고, 또한 이 성이 없이는 모든 생명체가 생존할 수 없는 필수적인 것이다. 이 성은 누구에게나 있다. 흘러넘침이 잘 보이지는 않으나 항시 촉촉이 땅에 스며 있는 물기와 같이 자신의 일을 하는 것이 곧 성인 것이다.

알겠습니다.

현재의 나를 버리면

한동안 적조하였사옵니다.

    그동안 뜻있는 변화가 있었더냐?

별다른 일은 없었사옵니다.

    모든 것이 하나니라. 천하가 하나이며, 너와 내가 하나이고, 우주와 내가 하나이니, 삼라만상이 하나인 것이며, 나 자신 또한 하나인 것이다. 내 안에 또 다른 내가 있어도 안 되며 있을 수도 없고 있을 필요도 없느니라.

  오직 하나로서 있는 그대로 연출토록 해라. 항상 자신과 일치를 이루어내지 못하므로 집중에 들지 못하여 수련이 더디다. 자신과 일치는 자신을 버림으로써 가하다.

  현재의 나를 버림은 본래의 나에 가까워지는 것인바, 그것이 바로 욕심 덩어리인 나를 벗어나 무욕, 무소유의 나에게로 가는 길인 것이다. 나는 결코 작지도 크지도 않으며 우주에서 일정한 위치를 차지하고 있다.

  항상 자신과의 일치를 이룸으로써 일체가 될 수 있도록 하라. 언제나 자신과 우주가 하나가 될 수 있도록 하며, 그에 앞서 자신이 하나가 될 수 있도록 하라.

  호흡에 들어 자신의 일치 정도를 보도록 해라. 일치되지 않은 부분을 살펴 어긋남이 없도록 하라.

알겠습니다.

128
일체 유심조

일체 유심조, 만법귀일.

모두 하나이니라. 우주는 무이고 하나이며 혼이니, 이 하나는 진리요, 성이요, 법이요, 천이요, 심이기도 하니라. 원래 도는 모두 하나이며 이 하나에 대한 인식이 확실하면 출발이 순조롭다고 할 수 있느니라.

모든 것의 근원은 하나이며 귀착도 하나이니 이 하나로 모두 풀어보도록 하여라. 하나의 의미는 전부의 의미이다. 갈라져 흩어진 것이 아닌 전체, 완전, 완성의 의미가 포함되어 있는 것이며 이런 속에 모두가 있는 것이니라.

나뉘면 나뉠수록 하나에서 멀어지는 것이며 모이면 모일수록 하나에 가까워지는 길이니라. 하나의 세계에서는 부족함도 남음도 없다. 이 하나의 세계에 들면 법도, 성도, 심도 모두 일체로 되어 하나가 될 것이다. 너와 내가 없고 내 것과 네 것이 없는 혼의 세계에 들어보도록 하라.

마음의 벽

모든 것이 하나라 함은 어떤 것과도 벽이 없어야 한다는 것을 의미한다. 벽이 없으면 상호간에 통하지 못할 것이 없으며 통하지 못할 것이 없으면 연결이 되는 것이다.

항상 거리감은 통하지 못하는 데서 오며 통하지 못함은 벽이 존재함을 나타내주는 것이다. 이 벽 중에서 가장 두껍고 넘기 힘든 벽이 마음의 벽으로서 이 벽 하나에 수천 개의 관문이 있는 것이다.

이 문들은 모두 그 열쇠 역시 자심自心에 있는 것으로 열어야 하며, 타심他心에 있는 열쇠를 열고 들어가서는 효력이 없는 것이다. 어떤 수련이든 자신이 주인이고 시작이자 끝이며 목표이자 수단인 것이다.

밖에는 모든 것이 있으나 오직 '나'가 없는 반면, 내 안에는 모든 것이 있고 내가 있으니 어디에서 도를 구해야 하겠느냐?

제 안에서 구해야 할 것 같습니다.

    네 안에서 어떻게 구하겠느냐?

호흡으로 추적하고 연구하겠습니다.

    열심히 해보도록 하여라.

알겠습니다.

130
도는 가까이에

항상 모든 것은 가까이 있다. 언제나 손에 잡힐 수 있는 곳에 있으며 언제나 쥘 수 있는 것들이다. 쥐느냐 안 쥐느냐는 잡고 싶으냐 아니냐에 달려 있다. 잡아서 내 것으로 만들고 싶은 생각이 백회로 흘러넘쳐 온몸을 적시고 밑으로 쏟아질 정도라야 한다.

도란 절대 단순하지 않다. 멀고 먼 길을 혼자 갈 각오가 되어 있어야 중간 중간에 도움도 있을 수 있는 것이다. 그 도움조차도 홀로서기의 과정에 버팀목 정도일 뿐 근본을 키우는 것은 자신인 것이다.

인간의 몸은 그 자체 내에 온 우주의 요소를 가지고 있다. 음양이나 오행이나 기타의 모든 요소들이 자신의 내부에 자리하고 있는 것이다. 이런 요소들을 발견하는 방법이 곧 도의 입문 과정이다.

이 도의 입문 과정에서 스승이나 선배의 도움을 받되, 자신의 의식이 자라는 배경을 신속히 조성하는 것이 필요하다. 그것은 하늘이 열릴 때 즉, 자신이 하늘의 의식과 조화될 때 확신으로 갖는 것이 좋다.

명심하겠습니다.

    열심히 하도록 하여라.

알겠습니다.

 131
뒤를 보지 말아라

뒤를 보지 말고 항상 한 치 앞에서 최선을 다하라. 가장 무서운 것은 한 치 앞의 방심이다. 어떤 이유로든 가장 무서운 결과로 남을 수 있는 것이다. 뒤는 나를 얽어매는 족쇄이다. 과거를 떨쳐 버림으로써 우리는 또 하나의 자신을 창조할 수 있다.

지난 일들을 떨쳐 버림으로써 건강하고 새로운 자신으로 돌아갈 수 있는 것이다. 지난 일은 생각지 말고 바로 앞에 닥칠 일을 최선을 다하여 처리하라. 자신을 구하는 것은 순간의 최선이 오랜 기간 축적되어 쌓인 결과이다.

의문을 가질 필요 없이 순간순간 최선을 다하라. 멀지 않다. 마무리가 중요하다. 항상 작은 고비에서도 마무리를 신속하고 완벽하게 할 수 있도록 하라.

알겠습니다.
　　　마무리를 잘해라.

 132

집중은 돌파력

　항상 총력을 다한다는 각오로 수련에 임하라. 얼마의 수련을 하든지 간에 10분이든 5분이든 깊은 집중에 빠져보도록 해라. 집중은 그 자체가 돌파력이요, 그 돌파력으로 수련이 진전되어 나가는 것이다.

　언제나 집중에 강한 자에 의해 수련의 문은 열려 왔다. 수련은 집중이요, 집중은 수련이니 집중을 떠나 수련이 될 수 없다. 집중의 대상은 자신이다. 자신自信을 가지고 자신自身에 집중하라. 자신에 깊이 집중함은 보다 큰 결과를 만들어 줄 것이다.

　나는 무엇인가? 나는 누구인가? 내가 해야 할 일은 무엇인가?

　구해지지 않는 답을 위해 이제껏 밝혀진 것 외의 것들을 향해 의식을 집중하라. 결과의 유무에 관계없이 자신에게 집중토록 해라.

알겠습니다.
　　수련의 요체는 자신自身이니라.

133
환경은 나의 다른 표현

항상 모든 것은 여일하다. 언제나 시작이요, 언제나 끝인 것이며, 언제나 진행 중이고, 언제나 마무리인 것이다. 모든 것이 시작이고 진행된다는 관점에서 수련은 진전이 있게 된다. 시작과 끝이 둘이 아니고 나와 수련이 둘이 아니며 우주와 내가 둘이 아니고 삼라만상과 내가 둘이 아니다.

모두 하나이며 그 속에서 자신을 구분지어 왔으나 모두 섞여 다시 하나의 의식 속에 자리해야 한다. 이질적인 요소들의 받아들임까지도 자연스레 이루어져야 한다. 나 아닌 남 역시 나의 다른 표현이며 남의 사고방식 역시 나의 사고방식의 다른 표현인 것이다.

모든 생활 주변에서 일어나는 것들 역시 나의 다른 표현이며 모두 나와의 연관을 떠나서는 생각할 수 없는 실체들인 것이다. 우주는 홀로가 없다. 모두 구분되지 않았을 때 우주가 된다. 나뉘어 있되 구분되지 않은 것, 그것이 곧 우주인 것이다.

134 작은 것이 중요

무릇 모든 큰일들이 아주 사소한 것에서 비롯된다. 아주 사소한 것을 챙기지 못하면 우연으로 치부하기도 하며 그것을 챙긴 결과는 노력으로 주장되기도 한다. 어떤 일이든지 작은 것에서 나타나는 징조를 잘 구별하여 받아들임으로써 큰일에 대하여 실수를 미연에 방지할 수 있는 것이다.

모든 조건에 대한 예측은 불가하되 항상 바로 코앞에 닥친 일에 대해서는 예측이 가능하다. 이 부분에 대하여 예측을 강화함으로써 점차 먼 부분에 대하여서도 예측이 가능하게 되는 것이지, 바로 앞의 것을 정확히 예측치 못하면서 먼 미래의 것을 예측한다는 것은 전혀 불가하다.

설령 예측했다고 하더라도 확률이 상당히 떨어지는 것이므로 재고의 가치가 없는 것이다. 항상 사소한 것에서 나타나는 징조를 확인함에 노력하고 아주 작은 일에서 앞을 생각해 보도록 하여라.

예측은 노력이다. 수련에서 예측이 필요한 이유는 확신을 위해서이다. 자신에 대한 확신이야말로 수련에 절대적인 요소 중의 하나이기 때문이다.

알겠습니다.

    작은 것들을 놓치지 말아라.

그리하도록 하겠습니다.

마음이 맑아야

　언제나 모든 것은 하나로 돌아간다. 그 하나는 마음이다. 내 마음이 곧 내가 돌아가야 할 곳인 것이다. 좀 더 맑고 밝은 내 마음인 것이다. 항상 원해야 할 것은 내 마음이 맑아지는 일이다. 내가 맑아지면 온 세상이 맑아지게 되어 있어 모두 멀리 맑게 보인다.

　온 세상이 맑지 않았던 것은 내 눈이 맑지 않았기 때문이며 내 눈이 맑으면 세상은 맑게 보이는 것이다. 이 세상은 원래 맑다. 우리의 눈이 맑게 보지 못하는 것이다. 맑은 세상은 만들어지는 것이 아니라 이미 존재하는 것이다.

　이 존재하는 세상을 보는 눈을 가지느냐 못 가지느냐에 따라 세상은 맑기도 하고 탁하기도 한 것이다. 항상 귀심歸心이다. 모든 것은 마음으로 돌아가는 것이니 마음공부의 의미를 알겠느냐?

알겠습니다.
　　마음이 맑으면 멀리 볼 수 있다.

 136
수련은 모든 것의 자동화

모든 것이 잘되어 가고 있다. 하나하나 정리되어 가는 속도가 빠르며 새롭게 구성되어야 할 부분들이 갖추어져 가고 있다. 수련은 모든 것을 제자리로 돌리는 것이며 모든 것을 바로 놓는 것이다.

즉, 있어야 할 자리에 있도록 하는 것이다. 만물이 있어야 할 자리에 있으면 갈등이 없다. 욕심으로, 사邪로 정위치에 있지 않을 때 갈등이 생기는 것이다. 모든 것은 자기 위치가 있고 가야 할 곳이 있으며 놓여야 할 때가 있다.

이 모든 것이 제자리에 있지 않았을 때 인간의 마음은 갈등으로 표현된다. 항상 제자리에 없는 것은 없는지 살피면서 지내도록 하라. 내 마음에서 어떤 부분이 위치를 벗어나 있지 않았는지 확인하고 제자리로 돌리는 노력을 하라. 수련은 모든 것의 자동화이다. 호흡에서부터 하나하나 자동적으로 이루어진다. 모두 제자리로 간 후 서로의 연결 작용만 강화될 것이다. 위치에서 벗어나서 연결되는 것이 아닌 자기 자리에서 연결되는 그런 연결이 될 것이다.

137 인내

　모든 것은 인내에서 나온다. 인내 속에는 없는 것이 없으며 이 인내를 통과하면 곧 전체적인 가능성뿐인 것이다. 한때 불편함이 있더라도 참고 견디면 반드시 그 결과가 나오는 것이며 하늘은 절대 너희들의 인내를 그냥 보고 넘기는 법이 없다.

　인내가 힘들고 견디기 어려울 것 같으나 인내의 입구만 넘어서면 모든 것은 순조롭게 넘어갈 수 있다. 인내는 입구를 넘어가기가 힘겨운 것이다. 모든 것이 다 마찬가지이지만 이 인내의 문턱은 특히 넘어가기가 어렵다.

　부분에서만 걸리지 않으면 가능성은 폭발적으로 증대될 것이다. 항상 인내를 가슴에 품고 생활하도록 해라. 인내로 훑어 내면 쓸어 내지 못할 것이 없느니라.

알겠습니다.
　　아직은 인내가 부족하다. 더욱 인내를 배양할 수 있도록 해

라. 호흡으로 가능하다. 호흡으로 가능토록 할 수 있음이다.
　더욱 노력해라. 시험이 멀지 않다.

해탈 직전은 환희

항상 기쁨으로 생활하라. 즐겁게 생활하면 수련은 절로 되게 되어 있다. 환하게 웃으며 덩실덩실 춤을 추는 모습이야말로 가장 우주에 가까이 있는 것이다. 해탈 직전은 환희이다. 모든 악업이 소멸되고 금생에서 얻음과 함께 벗어나는 것이다.

인간의 해탈은 우주에서도 경사이다. 해탈을 위하여 노력하는 사람이 많이 있을수록 지구의 수준은 올라가게 되어 있다. 따라서 수련 지도는 지구와 우주를 위하여 반드시 필요한 일이다.

인간은 지척에 해탈 방법을 가지고 자신의 체내에 수단을 가지고 있음에도 항상 타他에 관심을 가지고 생활해 옴으로 인하여 업이 두터워지게 되었다. 근본적인 것에 관심을 가져라. 깨달음은 근본적인 것에서 나온다. 근본적인 것은 진리이자 우주를 구성한 원리인 것이다.

알겠습니다.

139 즐거움은 힘

 즐거움이란 그 자체가 힘이다. 다른 잡념이 덜어졌을 때 의식이 한 곳으로 모이며, 의식이 모이고 난 후 통일이 되면서 파워가 형성되는 것이고, 적당히 파워가 형성되었을 때가 가장 즐거운 것이다.
 어느 정도 선을 넘게 되면 파워의 수준은 별 변화가 없게 된다. 항상 즐겁게 매사를 맞이하도록 해라. 힘겨움, 인내, 작업, 모두 우리들이 깨어가는 과정에서 즐겁게 맞이하고 겪어 넘어가야 할 대상이며 감사해야 할 존재이지 기쁘지 않게 생각해야 할 이유가 없는 것이기 때문이다.
 모든 즐거움은 자신의 부족함을 인정하는 데서 온다. 어떤 '호', '불호'의 크고 작은 것들이 모두 나에게 도움을 주는 것이며, 이 도움들로 나는 깨일 수 있는 것이다.
 진리는 우주의 법이다. 우주의 법은 영원하여 혼동됨이 없으며 항상 그 자체로서 동일하다. 이 진리에 도달할 수 있으면 깨친 것이요, 이 진리에 도달치 못하면 중도에 멈춘 것이 된다.
항상 주변에 감사하고 나에게 닥쳐오는 모든 일들에 감사하며, 이 세상 모든 것들에게 감사하도록 해라. 알겠느냐?

알겠습니다.

너를 해롭게 하는 것은 특히 감사의 대상이니라.

그리 알고 있도록 하겠습니다.

그래라.

· · · · ·
항상 모든 것이 좋지는 않다. 좋지 않은 것을 좋게
생각하는 가운데 점차 마음이 평온해지는 법을 배운다.
마음이 평온하다는 것은 그 자체가 안정에 가까워져 있다는 것이므로 모든 것을 바로
볼 수 있는 상태에 가까워지는 것이다. 마음이 가라앉지
않았을 때는 가라앉는 것 이외엔 생각지 않는 것이 좋고,
가라앉으면 나갈 바를 생각하는 것이 좋다.

140
수련은 인내

　인내로 버티면 뚫지 못할 문이 없다. 항상 인내는 내 몫이 아니고 결과만 내 것이라고 생각하고 있으나, 인내가 내 것이 되지 않고는 어떤 것도 결코 내 것이 될 수 없는 것이니라. 인내는 모든 것에 우선하는 파워이다. 인내가 있고서야 모두 의미가 있어진다.

　하늘은 결코 어떤 노력이 없이 결실을 거두도록 만들어 놓은 것은 없다. 그 노력 중 가장 값어치 있는 것이 인내인 것이다. 수련은 인내이다. 그 인내조차도 즐거움이 되어야 한다.

　인내로 나무를 키우면 우주의 열매가 열린다. 우주의 열매는 하나로 온 인류가 먹을 수도 있는 것이다. 어떤 과정이 없는 결론은 없다. 상상할 수 있는 모든 것은 인내로 포장되며 내용조차도 인내로 담겨 있어야 한다.

　모든 것에 우선하는 가치이니 인내해야 할 대상은 곧 해탈의 열쇠인 것이니라. 가장 큰 대상은 가장 큰 보람으로 오는 것이니 인내의 한계를 보도록 하여라. 곧 생과 사의 초월문이 보일 것이니라.

141
언제나 큰 것은 없다

항상 크게, 넓게 생각하라. 작은 일에 집착하면 작은 것밖에 안 보이는 것이니 큰 것을 잡을 기회를 놓치는 경우가 있음이다. 크고 넓게 생각하면 우리는 번뇌에서 벗어날 수 있는 것이다.

몸은 그 이상 확대가 불가하나 정신은 무한하게 확대가 가능한 것이므로 넓게 생각한다면 모든 것이 하찮고 우습게 보일 수 있는 것이다. 언제나 큰 것은 없다.

우주도 언젠가는 작아지는 것이다. 한 고비, 한 고비를 넘길 때마다 사고의 범위는 그 폭과 깊이에서 크게 성장하게 되는 것이며 그 성장을 본인이 때로 느끼지 못하는 것은 자신이 자신을 측정하는 것이 불가하기 때문이다.

수련이 많이 되기는 하였으나 아직 육肉에서 벗어나지 못함으로 인하여 번뇌가 많다. 육에서 벗어나야 영과의 만남이 이루어질 것인즉, 육에 묻혀 있으면 보일 것도 보이지 않는 경우가 생기는 것이니라.

해탈은 영의 세계로의 진입이다. 육의 내부에 머무는 한 끊임없는 갈등이 있을 것이니라. 벗어나도록 하여라.

그리하도록 노력하겠습니다.

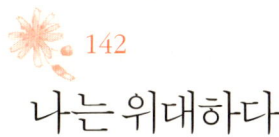

142
나는 위대하다

하늘은 항상 맑다. 인간의 마음이 흐려 들어가지 못하는 것이지 하늘은 항상 열려 있으며 누구도 거부함이 없다. 번뇌에서 뜨면 하늘이 보인다. 번뇌에서 뜨는 방법은 모든 것의 해답을 자신의 내부에서 찾는 것이다.

나로 인해 비롯된 것은 해답 역시 나에게 있으며 나의 업으로 인한 문제는 내가 아닌 누구도 해결이 불가한 것이니라. 나는 위대하다.

모든 것이 내가 있으므로 가능한 것이지 내가 빠진 타他만으로 존재할 수는 없는 것이다.

모두 내가 채우고 다만 반드시 필요한 1% 내외, 즉 방법상의 문제만 타의 도움을 받는다고 생각하면 가장 올바르게 생각한 것이다. 더욱 진전되면 100% 자신의 노력과 정성으로 가야 한다.

타인은 결국 궁극적인 해결 방법은 아닌 것이다. 나는 나만이 가능한 것이다. 나는 내가 아닌 누구도 구할 수가 없는 것이다. 타에 의한 도움에 의존하면 갈증만 심해질 뿐 소용이 되지 않는 것이니라. 마음을 가라앉히고 자성을 구하라.

알겠습니다.

143
잡념은

이미 관심이 멀어져 버린 것에 대해서는 재고의 여지가 없다. 추구하고자 하는 것들 중에서 가장 마음이 가는 부분을 골라내어 그 집착의 이유와 목적이 정당한 것인지 명상 속에서 살펴보아라.

명상 속에서 깊이 판단하여 한 점 오차가 있으면 덜어내야 할 대상인바, 이런 상황하에서는 걸리지 않도록 많은 노력이 필요하다. 이 세상 많은 부분이 나의 욕망으로 인하여 존재하여 왔으며 내가 없으면 존재치 않는 것이 현상계의 일이니라.

이런 모든 번뇌의 원인은 집착의 방향과 나아가야 할 방향이 차이가 있을 때 온다. 나아가야 할 방향과 나아간 방향이 같으면 어떤 면에서든 힘이 분산될 일은 없으며 잡념이 생길 여지가 없다.

잡념은 파워 분산의 가장 큰 부분이다. 잡념을 더는 방법은 나아가야 할 방향과 나아갈 방향을 일치시키는 일이다.

알겠습니다.

나머지는 모두 덜어내야 할 대상이니라.

선계善界와 악계

 항상 모든 것이 좋지는 않다. 좋지 않은 것을 좋게 생각하는 가운데 점차 마음이 평온해지는 법을 배운다. 마음이 평온하다는 것은 그 자체가 안정에 가까워져 있다는 것이므로 모든 것을 바로 볼 수 있는 상태에 가까워지는 것이다.

 마음이 가라앉지 않았을 때는 가라앉는 것 이외엔 생각지 않는 것이 좋고, 가라앉으면 나갈 바를 생각하는 것이 좋다.

 항상 좋지도, 항상 나쁘지도 않은 것이 도의 길이다. 좋고 나쁨이 섞여 있는 가운데 나의 취해야 할 바가 눈에 뜨이게 된다.

 선계善界와 악계惡界는 그 눈이 열린 차이이니라. 같은 눈으로 누구는 선을 보고, 누구는 악을 보니 이것은 관념의 차이일 뿐 현상의 차이는 아닌 것이니라.

 모든 대상은 같은 주파수(파장)를 발산하므로 인간에게 깨우침을 준다. 이 깨우침을 받아들이는 시각에 따라 진전이 있기도 하고 퇴보가 있기도 한다. 모든 것을 바로 볼 수 있도록 하여라. 바로 본다는 것은 가라앉은 상태에서 보는 것을 말한다.

알겠습니다.

145
매사가 수련

수련에 들면 매사가 수련이다. 아주 작은 것부터 아주 큰 것까지 모두 수련인 것이다. 수련만 수련이 아니고 모든 것이 수련인 것이다. 주변을 돌아보아라. 수련 아닌 것이 없다. 수련이 아닌 것은 이미 존재치 않는 것이다.

수련은 절대 명제이다. 수련을 위해서만 모든 것은 빛을 발할 수 있고 살아 움직일 수 있을 것이다. 수련은 생명이다. 수련이 있고서야 목숨도 있을 것이니라. 수련은 모두이다. 수련이 있고서야 한 낱 모래나 먼지 한 알이 귀해 보일 것이니라. 수련에서 멀어지면 모두 의미가 없다.

의미가 있는 것은 오직 수련일 뿐이다. 이 세상에 수련을 능가하는 파워는 없다. 수련에서 결집된 파워는 모든 것을 격파해 낼 수 있는 힘이다.

약한 듯이 보이는 것은 그 감싸는 힘과 받아들이는 힘 때문이지 결코 약하지도 힘이 없지도 않은 것이다. 수련은 절대 명제이니라.

알겠습니다.

　　수련은 늦출 수가 없는 것이니라.

알겠습니다.

　　더욱 노력해라.

146

아침 수련

아침에 기운을 모을 것. 아침은 하루 중 기운을 모으기에 가장 좋은 시간이다. 아침에 기운을 모아야 하루가 쉽게 지나갈 것이다.

아침에 기운을 모으기 위해서는 태양을 보며 심호흡을 10여 회 하고 앉아서 조식을 30분~1시간 정도 할 것을 요한다. 이런 조식의 생활화는 후에 상당한 체력의 증강을 가져올 것이다.

언제나 즐겁게 생활하되, 잊지 않고 호흡을 계속한다면 큰 깨달음에 가까이 갈 수 있다. 모든 인연은 과거의 일에서 나오며 앞으로의 인연은 금생의 결과이다.

작은 일 하나에도 소홀함이 없도록 하되 마음에 걸리지 않는 행동으로 다듬어 가야할 필요가 있다. 이 세상은 모든 것이 쉽게 되는 것이 없다. 계절의 수련은 각기 다른 바가 있으나 모두 호흡으로 밀면 몸이 적응을 하도록 되어 있다. 항상 감사의 마음으로 수련에 임하라.

 147
수련이 무거우면 초보

　수련이란 그 자체를 위해 모든 것을 버릴 수 있어야 한다. 적어도 그 시간만큼은 수련을 위해 모든 것을 초월할 수 있어야 한다. 수련이란 다른 것을 하면서 함께 할 수 있는 것은 아닌 것이다.

　모든 일이 그렇게 되지 않으므로 수련 시간은 정확한 일념이 되는 것을 요한다. 수련은 인간에게 있어 그 어떤 일보다도 중요하다. 중요하므로 타의 간섭이 배제된다.

　수련은 수련으로 족하다. 무엇을 위한 수련은 아닌 것이다. 오직 수련을 위한 수련으로 깨고 나가되 그 깨고 나가는 과정에 깨달음도 우주화도 이루어져야 하는 것이다.

　수련은 무겁다. 단계가 낮을수록 수련이 무겁게 느껴질 것이다. 무거운 비율은 자신의 단계가 바뀌면서 점차 가벼워진다. 전혀 무게를 느끼지 않도록 체질화하고도 한참을 더 가야 한다.

　수련은 인간에게 절대 명제이다. 수련 이외의 절대 명제는 있을 수 없다. 오직 수련만이 절대의 경지에 있는 것이다. 알겠느냐?

알겠습니다.

　　수련으로 들어라. 그리고 모두 들라고 해라.

그리하도록 하겠습니다.

148
평온은 파워이다

　모두 한마음이 되어야 한다. 한마음의 파워는 제곱으로 증가한다. 마음을 모아 보면 그 힘이 얼마나 큰지 안다. 이 큰 힘으로 깨고 나가는 추진력은 더없이 강할 수 있다. 언제나 평온하게 마음을 유지시키고 내 주변의 모든 이들까지 나의 파장에 동조시키면 모두 평온해질 수 있다.

　주변에 있는 수련 유관, 수련 무관한 모든 이들까지 평온해질 수 있도록 해라. 내가 평온하면 모두 평온해질 수 있다. 평온한 감정이 흐르고 흘러 온 세상을 덮도록 해라. 평온은 그 자체가 무서운 힘의 결정체니라.

　고요하면 감지되지 않는 것이 없다. 나의 고요는 모든 것을 감지할 수 있는 감각의 향상을 가져다준다. 고요는 평온에 이르는 길이다. 매사를 조용히, 호흡을 한 번 더 가다듬고 천천히 수행해라. 한 번 더 호흡을 가다듬을수록 한 발자국 더 평온에 갈 것이니라.

　평온은 '파워'이다. 물이 잔잔하면 바닷속이 깊이 보이되 물결이 일면 얕아도 보이지 않는 것이니라. 알겠느냐?

알겠습니다.

    평온하도록 노력해라.

그리하도록 하겠습니다.

149
호흡의 뒤는 절벽

앞으로의 수련은 어찌해야 하는지요?

     계속 호흡으로 밀어붙여야 한다. 호흡이 부족하면 힘이 달릴 것이요, 호흡이 넉넉하면 힘이 넘칠 것이니라. 호흡이 없이 수련하는 것은 책이 없이 공부하는 것과 같아 어디로 가야 할지 확인하기가 너무나 어려울 것이다.

  호흡은 인간의 마음을 가라앉혀 줌으로 인하여 본성에 가까이 다가갈 수 있도록 해준다. 그리고 그 본성에 연결이 되어 떠나지 않도록 해주고 그 본성 속으로 계속 추구해 갈 수 있도록 해주니, 이 호흡에서 뜨면 바로 수련에서 뜨는 것과 같아 모든 것이 멀어지는 것이니라.

  호흡의 중요성은 아무리 강조해도 지나침이 없다. 호흡은 인류를 구제할 수 있으나 호흡이 없으면 암흑일 것이다. 호흡은 신이 인류에게 자신과 동격이 될 수 있는 유일한 수단을 부여한 것이니라.

  호흡에서 뜨면 우주가 멀다. 우주에서 멀면 수련이 멀고, 수련이 멀면 다시 혼돈 속으로 들게 되는 것이다. 호흡에 한 번 들었던 사람이 호흡에서 뒤돌아보면 그 바로 뒤가 절벽인 것이다. 한 발자국만 뒤로 디디면 바로 인간계의 혼돈 속으로 떨어지는 것이니라. 알겠느냐?

알겠습니다.

  열심히 노력해라. 앞을 보는 한 희망은 있다.

150
뜻을 세워야

삶은 어때야 하는지요?

　삶은 곧아야 한다. 한 번 뜻을 세우면 불가피한 사정이 없는 한 반드시 실행해야 한다. 뜻의 실행은 자신이 할 수 있는 가장 보람 있는 일이 될 것이다. 뜻이 없음은 이미 그 자체가 발전의 욕구가 없는 것이므로 하늘에서도 방법이 없다.

　뜻은 인간이 세우되 지원은 하늘에서 해주는 것이므로, 인간이 뜻을 세우지 않으면 스스로 운명이란 굴레에 씌워져 살아가게 된다. 자신의 노력이 부족해도 본인이 그 굴레를 벗어나지 못한 채 일생을 보내게 될 것이다.

　의지는 뜻을 밀어붙일 수 있는 힘이다. 의지가 있고서야 뜻이 빛을 발하고, 뜻이 있고 나서야 하늘의 도움이 있을 것이다. 뜻은 바르게 서야 한다. 뜻 자체가 별 의미가 없는 한 하늘의 도움은 별 의미가 없을 것이며, 뜻이 의미가 있으면 하늘에서도 힘을 아끼지 않을 것이다.

지성이면 감천이란 말은 이런 경우를 두고 말하는 것이니 감천의 조건은 지성인 것이다. 그 지성은 간절한 뜻을 말하는바, 뜻이 간절하면 무엇이든 이루어지지 않는 것이 없다.

알겠습니다.
　　뜻이 간절해야 한다.

# 151
본성과 개성

항상 마음을 가라앉혀라. 마음을 가라앉힌 후 자신을 보라. 신과의 대화는 자신과의 대화이며 신과의 만남은 자신과의 만남인 것이다. 자신과의 만남은 마음이 가라앉았을 때 가능하다.

마음이 가라앉아 앞이 멀리 내다보일 때 그 맨 끝에 자신이 있느니라. 자신과 나 사이에 있는 모든 장애물을 딛고 설 수 있을 때 자신과의 만남이 이루어진다. 여기에서의 자신은 곧 자성自性이다.

자성은 우주이다. 누구에게나 자성은 우주인 것이다. 너의 우주가 따로 있고 나의 우주가 따로 있는 것이 아닌, 너의 우주이건 나의 우주이건 모두 하나의 우주인 것이다.

자성에서 '나'로 독립된 존재로 개체화하면서 개성이 나타나는 것이며, 이 개성이 어느 정도의 수련으로 본성에 접근한 후, 모두 비슷한 정도의 과정을 거쳐 동일시의 과정으로 드는 것이니라.

수련은 쉽지 않다. 개성의 본성화가 어찌 간단하고 안이한 방법으로 가능할 것이냐? 나를 버림으로써 얻어지는 것이 본성이니라.

152
조건이 없을 때 행하라

　본성은 행하고 싶은 바를 행함에 우주의 법도에 어긋남이 없다. 행하는 바도 법도의 내에 있으며, 행하고 싶은 바도 법도의 내에 있다. 마음이 흐르는 바가 그 법도에서 벗어나 있지 않으니 갈등이 없고, 갈등이 없으니 매사가 순조로울 수밖에 없다.
　바르게 원하기 위해서는 자기 합리화나 정당화가 없이, 오직 한 점의 티끌도 없이 내켜야 한다. 이런저런 조건이 붙는다는 것은 그 자체가 이미 그 조건 속에 갈등이 내재되어 있다는 뜻이다.
　설령 조건처럼 보일지라도 자신이 가능할 때까지는 해당되지 않는 것이므로 신경 쓰지 말아라. 모든 것은 무리하지 말고 형편이 따를 때 함으로써 무리가 없어야 한다.

알겠습니다.

153
본성과 나의 일치

인간이 똑똑하면서도 한편 안타까운 것은 자신 때문에 수련이 가능하기도 하면서 또한 자신 때문에 수련이 더뎌지기도 한다는 것이다.

수련 자체가 자신과의 만남이라는 점을 생각해 볼 때 만나야 할 대상과 목표가 정해져 있음에도, 한없이 먼 길을 돌고 돌아서야 자신을 발견하게 되는바, 발견에 이르기까지 과정에서의 장애물조차도 역시 자신임을 간과하고 지나는 것이다.

타를 보는 관점의 기준은 자신이다. 그 기준 여하에 따라 스스로 걸리기도 하고 걸리지 않기도 한다. 자신의 발견은 결코 쉽지 않다. 발견하고 나서도 '자신(본성)'과 '나'의 일치 과정 또한 쉽지도 짧지도 않다. 어렵고 먼 길인 것이다.

만났다고 끝이 아니며 대화가 된다고 끝이 아닌 것이다. 분별은 과연 이것이 '나(본성)인가? 아닌가?'에서 필요한 것이며 그 외의 면에서의 것은 아닌 것이다. '참나'인지 여부에 대한 분별로 족한 것이다. 그 외의 것에 얽매이는 것은 수련자에게 썩 바람직스러운 것은 아니다. 알겠느냐?

알겠습니다.

균형을 잃지 말아라

　언제나 마음은 하나이다. 마음이 하나이므로 모든 것을 판별할 수 있고 모든 것을 병행할 수 있다. 이 마음이 열리고 모든 것을 받아들일 수 있을 때 또 하나의 세계가 열리게 된다.
　이 세상을 감사하게 생각할 수 있도록 하는 방법은 기대하지 않는 것이다. 바라지 않은 뜻밖의 선물이 더욱 반갑듯이 바라지 않음으로 행복해질 수 있는 것이다. 바람은 그 자체가 갈증이며 그 강도가 심할수록 충족은커녕 갈증만 심해질 뿐이니, 적당한 선에서 바람을 줄여 줄 수 있는 지혜가 필요한 것이다.
　바람은 그 자체가 수련을 끌고나가는 원동력이자 한편으로는 방해가 되는 면도 있는 것이다. 모든 것은 이런 양면성이 있으며 이런 양면성조차도 잘 조화를 이루어 균형된 상태에서 이끌어 나갈 수 있어야 한다.
　모든 것이 아무리 많아도 균형되게만 할 수 있으면 그 자체가 또한 수련이기도 한 것이니라.

매사를 잘할 수만은 없는 것이니, 이 균형을 잃지 않음으로써 최소한 부족하게 가지는 않을 것이니라.

알겠습니다.
    균형을 잃지 않도록 해라.

155
작은 것이 중요

모든 것은 작은 것에서 비롯된다. 작은 것이 큰 것이고 큰 것이 작은 것이며 모두가 하나인 것이다. 작은 것을 보면 큰 것을 알 수 있다. 큰 것은 잘 보이지 않는 것이므로, 작은 것으로 큰 것을 보면 모든 것을 더욱 확실히 알 수 있는 것이다.

작은 것을 가까이서 보아라. 가까이, 아주 가까이 보다가 나중에는 가까워지다 못해 마음속에 넣고 보아라. 이 세상의 모든 것들이 마음속에 있는 것이기는 하나, 우리는 마음속에서 이것들을 살피지 못하고 밖에 있는 상태로 살펴보는 까닭에 불필요한 분별로 이어져 왔다.

마음속에 넣고 마음에 녹아드는지 여부를 판별하여 내 마음이 열린 정도를 가려볼 수 있다. 내 마음이 열린 만큼 내 마음속에 녹아들 것이다. 나중에는 온 우주가 내 마음속에 녹아들어야 한다.

내 마음속에서 온 우주의 이치를 밝혀내고 창조해 낼 수 있는 것은 나의 창조이다. 새로운 태어남, 새로운 나의 시작인 것이다. 마음을 열고 가까운 것, 작은 것부터 받아들여라. 받아들여 분별로 수용해라.

알겠습니다.

　　마음속에서 녹지 않는 것이 무엇인가 살펴보아라.

그리하도록 하겠습니다.

 156
우주의 진리는 절대적

　우주의 진리는 모든 것이 절대적이다. 인간의 눈에 아직 기준이 불투명하여 상대적인 것처럼 보이는 부분이 많이 있으나 우주의 진리는 기준이 명확하고 모든 것이 절대적인 것이다. 한 치의 오차도 없는 정확함은 흔들리지 않는 데서 온다.

　기운의 모임이 크면 클수록 점점 흔들리기 어렵게 되며 흔들림이 작아질수록 기준이 명확해진다. 인간계의 다양한 경험은 기준의 설정에 많은 도움이 될 것이다. 매사가 판단의 대상이며 매사가 결정해야 할 일들이다.

　이 모든 것이 얼마나 안정에 가까이 가 있느냐의 기준이 되는 것이다. 매사가 수련임은 하루 종일 호흡을 하는 것뿐 아니라 그로 인한 기의 변화로 나의 진도를 확인해 나가는 데 있다.

　그 확인은 하늘의 확인이다. 인간의 기준은 아직 불명확하여 완전한 일치에 이르지 못하나 점차 하나하나의 사실에서 진리를 발견함에 따라 절대에 가까워질 것이다. 마음에서 걸리지 않음은 바로 이 절대와 자신의 일치에서 가능한 것이니라.

알겠습니다.

상대적인 것은 기준이 불명확한 데서 오는 것이니라.

기운은 기의 느낌

우주는 그 자체가 기이다. 기의 느낌은 기운이다. 즉, 기운으로써 기를 느끼는 것이다. 이 기운은 인간의 마음으로, 행동으로, 풍수로 표현되기도 하는바, 아무리 마음이 있어도 움직임이 없다면 느끼지 못하는 것이다.

이 기운이 가장 잘 표현되는 것이 마음이다. 이 세상의 모든 조화는 마음에서 비롯되며 마음에서 끝나면 모두 끝나게 되어 있는 것이다. 우주는 기가 가득 채워져 있는 상태이며 그 기의 움직임에서 변화가 비롯된다.

이 기가 움직이기 시작하면서부터 천지가 창조되고 만물이 소생하며 생로병사가 이루어지고, 이 과정에서 인간은 궁극적인 발전을 이루어 가는 것이다. 궁극적인 발전의 요체는 기의 움직임이다.

이 기의 움직임으로 인하여 인간은 해탈에 갈 수 있는 것이다. 기운을 타는 법은 호흡이다.

호흡으로 인하여 기운을 싣고, 기운을 타고, 기운으로 나를 변화시키는 것이 바로 수련인 것이다. 알겠느냐?

알겠습니다.

    열심히 호흡을 하도록 해라.

초련, 중련, 상련

수련에서는 항상 단계가 있다. 이 단계는 크게 나누면 3단계요, 작게 나누면 수천 단계도 되는바, 대별하면 초련, 중련, 상련으로 되며, 기의 분별, 우주의 존재 확인, 다가서려는 노력이 초련이며, 견성 이후 해탈까지의 과정이 중련이고, 상련은 해탈 이후의 일인바, 사명일 수도 있고 사명이 아닐 수도 있다.

대개의 수련자들이 초련 단계에서 헤매다 길을 못 찾는 경우가 대부분이며, 중련에 들면 어쨌든 확률이 높으나 중련 단계에서의 수련은 훨씬 더한 정확도를 요한다. 상련은 인간의 단계에서 알 바 아니나 그 세계에서는 우주와 일치가 된 상태이므로 크게 걱정할 것은 없다.

초련에서 중련 단계에 있는 수련자들은 항상 바른 마음으로 임하는 것이 가장 좋은바, 이 바른 마음은 바른 지도자를 선택하고 바른 수련 방법을 찾는 데 큰 도움이 될 것이다. 이 바른 마음은 마음에 걸리지 않는 데서 온다.

159
확신은 가장 큰 힘

이제 무엇이 더 궁금하냐?

　　하면 될 것 같사옵니다.

가능할 것으로 생각이 되느냐?

　　가능할 것 같사옵니다.

하면 된다는 것을 이제 알았더냐?

　　말로는 알고 있었사오나 마음 깊이 동화되기엔 아직 거리가 있었사옵니다.

지금은 어떠냐?

　　98% 정도의 확신이옵니다.

됐다. 더욱 노력하여 100%의 확신으로 가도록 해라. 100%의 확신은 자신에게 가장 확실한 힘이다. 이 100%의 자신에 대한 확신은 무엇보다 큰 힘이다. 이 힘으로는 뚫고 나가지 못할 고비가 없다.

자신은 우주의 가장 큰 혜택이다. 자신이 있음으로 인하여 우리는 본래의 모습으로 돌아갈 수 있는 것이다. 자신은 결국 '나'이기는 하나 그 무엇과도 비길 수 없는 것으로서 가장 소중한 것임을 알아야 한다.

이제부터는 100%의 확신을 가져도 좋다. 100%의 확신으로 밀어붙여라. 확신은 해탈이요, 구원이니, 확신이 없고서는 그 어떤 영적인 변화도 겉모습에 지나지 않는 것이니라.

알겠습니다.

상근기 호흡법

　수련은 근기별로 나누어 지도할 필요가 있다. 상근기는 오직 수련으로, 중근기는 흥미와 수련으로, 하근기는 흥미로밖에 가지 못하며 오직 수련으로 가기 위해서는 보통 이상의 심지가 요구된다.
　대개 본인이 어떤 근기에 속하는지를 모르고 있으므로 흥미 위주로 지도하다가 참수련에 대하여 문의하는 자에게 다음 단계를 지도해주는 방법으로 하면 될 것이다.
　이런 수련법은 점차 무미건조해지는 방법이며 그 무미건조한 속에서 참을 찾는 것이므로, 눈이 열리지 않으면 실행하기가 어려운 수련 방법인 것이다.
　호흡법도 단계가 구분되는바 하근기는 기 호흡법, 중근기는 의식 호흡법, 상근기는 기와 의식을 함께 호흡하는 것이니, 기 호흡은 기감만 생길 뿐 진전이 늦고, 의식 호흡은 진전은 있으나 변화가 늦는 반면, 기와 의식 동시 호흡은 진전과 변화가 빠른 점이 있다. 상근기의 호흡은 천하를 바꿀 수도 있느니라.

알겠습니다.
    호흡으로만 나누어도 구분은 가능하다.

차례

1권 · 본성과의 만남 전후

1. 우주에 대하여
2. 남자와 여자
3. 효과적인 수련 방법
4. 바른 삶
5. 한 해를 보내는 마음
6. 한 해를 시작하는 마음
7. 혼 1
8. 실천
9. 기회란
10. 잘난 여자들이 짝이 없는 이유
11. 산은 산, 물은 물
12. 혼 2
13. 수련의 집중 시간
14. 마음이 흔들리는 것
15. 남녀 관계
16. 번뇌 1
17. 번뇌 2
18. 체력 관리 1
19. 번뇌 3
20. 번뇌 4
21. 수련의 목적
22. 깨달음
23. 수련의 방법
24. 나라의 운명
25. 인간의 삶
26. 인간 세상의 일
27. 호흡 1
28. 호흡 2
29. 호흡 3
30. 천서 공부
31. 체력 관리 2
32. 호흡 4
33. 혼 3
34. 수련 1
35. 호흡 5
36. 수련의 중요성
37. 유혹 1
38. 슬픈 기쁨, 나쁜 기쁨
39. 얻음과 버림
40. 휴일 없는 수련
41. 답답할 때의 호흡
42. 정심正心
43. 진리의 행行
44. 44회 생일
45. 호흡 6
46. 수련의 기회
47. 호흡과 의식
48. 한결같은 마음
49. 바르게 살라
50. 종교
51. 도의 길
52. 초각 인가
53. 흔들리지 말아라
54. 정심의 실체는 고행
55. 무리는 금물
56. 타인을 돕는 길
57. 광명은 무심
58. 혼 4
59. 수련은 과정
60. 혼 5
61. 격은 스스로 높여라
62. 대인 관계
63. 유혹 2
64. 도반
65. 천계의 호흡
66. 몸과 마음은 수련을 위해서만
67. 호흡은 부드러워야
68. 만물은 호흡
69. 우주 호흡
70. 마음의 조절
71. 고비와 무리

305

| 72 | 남녀의 수련과정
| 73 | 중심을 잡으라
| 74 | 깨달음은 자연스런 일
| 75 | 천천히 하라
| 76 | 대우주는 무無이다
| 77 | 수련 인연은 가장 큰 축복
| 78 | 희생하라
| 79 | 확신을 가져라
| 80 | 자신으로 갈 수 있는 범위
| 81 | 주체는 자신
| 82 | 감정은 천지조화
| 83 | 가족 문제는 시련
| 84 | 자신은 원동력
| 85 | 천계의 부모
| 86 | 독립 준비
| 87 | 우주는 생물체
| 88 | 수련 인연은 천연天緣
| 89 | 노력해라
| 90 | 힘겨움
| 91 | 말을 조심하라
| 92 | 기는 곧 의지
| 93 | 강자의 윤리
| 94 | 긴장하라
| 95 | 확신과 자만
| 96 | 마음을 움직일 수 있어야
| 97 | 사람이란
| 98 | 도리와 인내
| 99 | 아침에 달렸다
| 100 | 사람의 하루
| 101 | 불필요한 만남
| 102 | 의지는 운명의 변수
| 103 | 선善의 확장
| 104 | 원인보다 결과가 중요
| 105 | 물物은 인간을 위해 존재
| 106 | 물物에서의 해탈
| 107 | 수련 중이라는 사실
| 108 | 작은 일에 소홀하지 말아라
| 109 | 고행이란
| 110 | 갈등의 원인은 자신
| 111 | 급한 것을 뒤로 돌려야

| 112 | 극선極善도 나쁘다
| 113 | 일정한 태도를 유지해야
| 114 | 천명天命이란
| 115 | 우주는 내부에 있다
| 116 | 모든 것은 새롭다
| 117 | 몸에도 의사가 있다
| 118 | 충격 요법
| 119 | 상상도 주의하라
| 120 | 가족 관계
| 121 | 호흡은 만물의 생성 원인
| 122 | 생각을 버려야
| 123 | 공부란 공호으로 채워
| 124 | 혼자 있는 시간
| 125 | 칭찬
| 126 | 성性
| 127 | 현재의 나를 버리면
| 128 | 일체 유심조
| 129 | 마음의 벽
| 130 | 도는 가까이에
| 131 | 뒤를 보지 말아라
| 132 | 집중은 돌파력
| 133 | 환경은 나의 다른 표현
| 134 | 작은 것이 중요
| 135 | 마음이 맑아야
| 136 | 수련은 모든 것의 자동화
| 137 | 인내
| 138 | 해탈 직전은 환희
| 139 | 즐거움은 힘
| 140 | 수련은 인내
| 141 | 언제나 큰 것은 없다
| 142 | 나는 위대하다
| 143 | 잡념은
| 144 | 선계善界와 악계
| 145 | 매사가 수련
| 146 | 아침 수련
| 147 | 수련이 무거우면 초보
| 148 | 평온은 파워이다
| 149 | 호흡의 뒤는 절벽
| 150 | 뜻을 세워야
| 151 | 본성과 개성

152 | 조건이 없을 때 행하라
153 | 본성과 나의 일치
154 | 균형을 잃지 말아라
155 | 작은 것이 중요
156 | 우주의 진리는 절대적
157 | 기운은 기의 느낌
158 | 초련, 중련, 상련
159 | 확신은 가장 큰 힘
160 | 상근기 호흡법

2권 • 본성과의 만남 전후

1 | 운명은 틀
2 | 모든 것은 내 것
3 | 흔들림
4 | 흔들리지 않는 마음이 본성
5 | 소중한 것을 버려라
6 | 흔들림은 심허心虛에서 온다
7 | 여유를 가져라
8 | 가라앉는 호흡
9 | 선인仙人이란
10 | 각자覺者의 서열이 높은 이유
11 | 수련자의 사랑
12 | 사제지간의 도리
13 | 인간의 도리
14 | 운명이란
15 | 부동不動은 단전에서 나와
16 | 집기集氣
17 | 법
18 | 단斷
19 | 도
20 | 마음대로 하라
21 | 자기 자신을 속이지 말아라
22 | 수련의 요체
23 | 나와의 인연
24 | 서두름
25 | 자신自信을 가져라
26 | 마음이 편해야

27 | 수련은 자기 확인
28 | 기회의 포착
29 | 하늘이 요구하는 인간
30 | 기상 이변
31 | 나는 절대 가치
32 | 나를 찾은 후 수련
33 | 나의 화신
34 | 인간의 변수
35 | 호흡과 정신의 일치
36 | 마음은 천지 만물
37 | 자신의 자리에 있어야
38 | 포기하라
39 | 매사가 기회
40 | 단순함이 근본
41 | 힘과 짐
42 | 견딘다는 것
43 | 자신自信을 가져라
44 | 평범한 것이 어렵다
45 | 마음에는 없는 것이 없다
46 | 마음먹은 바를 오래 간직해야
47 | 정확해라
48 | 세 번의 기회
49 | 수련 중의 도움
50 | 업적은 우주의 일
51 | 자신을 깨라
52 | 영靈의 호흡
53 | 정보는 호흡
54 | 입기入氣와 출기出氣
55 | 단전으로 판단하라
56 | 베푸는 것이 거두는 것
57 | 여유는 힘
58 | 깨달음은 중간 목표
59 | 나를 위해 살라
60 | 실생활과 수련의 조화
61 | 의지는 인내의 약
62 | 자만이 아닌 자신
63 | 문학에서의 성취
64 | 생각을 주의해라
65 | 호흡은 만법에 우선
66 | 힘의 결집은 조화로써 가능

307

67	중화를 이루는 방법	107	잡념은 죄악
68	호흡은 모든 것	108	무념이란
69	도는 조정	109	정성의 대상은 자신
70	도는 원래 존재하는 것이 아니다	110	수련은 힘
71	호흡에 감사해야	111	사랑의 양면성
72	명命의 조절이 가능	112	도는 나와의 일치
73	일상日常의 계획	113	버린다는 것
74	마음대로 할 수 있는 것	114	수련하는 인연
75	수련은 작지도 크지도 않아	115	본성은 모두 같다
76	마음은 스승	116	직분에 충실하라
77	작은 일 1	117	여자의 생리와 수련
78	작은 일 2	118	천기를 자랑하지 말아라
79	작은 일 3	119	법이란
80	인간이 위대한 것은 정성 때문	120	건강은 우선하는 가치
81	문학의 어려움	121	불가능은 없다 1
82	물物 위주로 생각하면 고개가 꺾어진다	122	한 가지 일
83	거듭되는 좌절	123	자신의 일
84	정확에서 출발해야	124	하늘은 항상 맑다
85	소각과 대각	125	천벌이란
86	고해의 의미	126	아무것도 없다
87	나는 절대 명제	127	세상일의 순서
88	현재의 위치가 가장 중요	128	세상의 서열
89	정성	129	우주는 마음
90	자족을 알라	130	천기 수련
91	호흡 7	131	집중이 가능한 마음
92	일상日常이 중요	132	마음이 맑으면 우주와 교신이 가능
93	한 곳을 지향하라	133	수련으로 인도되기 위한 과정
94	노력은 우주를 감동시켜	134	우주와 교신이 가능한 인간
95	아침은 하늘의 시간	135	수련의 기회
96	신도 인간이 수련하는 것은 못 막아	136	새벽 기도
97	불만은 깨달음으로 인도한다	137	수련에서 실마리가 풀리면
98	부족하면 부족한 대로	138	수련은 사후세계의 보장
99	기공에서 심공으로	139	호흡 계송
100	우주는 생각으로 움직여	140	하늘은 공평하다
101	단전으로 보고	141	일체 유심조
102	쉬는 법	142	정성은 우주를 움직이는 힘
103	하늘 인간	143	인간의 미래
104	기안, 영안, 법안, 심안	144	모든 것을 바로 보는 것
105	정신일도 하사불성	145	인생을 적극적으로 운용하라
106	때란 기운이 지원되는 시기	146	사람은 항상 같아야

147	모르게 도와라	23	수련과 직업
148	힘이 있어야	24	작은 일은 작게
149	수련에서는 재시도가 가하다	25	기회를 잡는 힘
150	진리와의 일치	26	공과 사의 구분
151	작은 일이 역사를 만들어	27	대가 없는 것은 없다
152	세상을 긍정적으로 이용해야	28	맡겨라
153	모든 것은 내 탓	29	중복되는 역할
154	자신에게 원인이 있다	30	수련의 결실은 늦다
155	텔레파시가 가능한 인류	31	『도○』라는 책에 대하여
156	수련은 가볍지 않다	32	타인의 감정 손상은 업
157	자신에게 감사	33	힘의 비축
158	복을 짓는 일	34	마음이 차분해야
159	기억력의 증가	35	능력 개발이 필요
160	충전 시는 충전만을	36	소아小我에서 대아大我로
		37	네 자리를 찾아라
		38	인격과 신격

3권 • 본성과의 만남 전후

		39	산 호흡, 죽은 호흡
		40	결실을 맺는 시기
1	나를 챙긴 뒤 남을 도와야	41	글은 또 하나의 수련 지도
2	매사가 수련	42	신의 의지, 인간의 의지
3	남에게 편하게 대하라	43	나에게서 벗어나는 것
4	'94년을 보내며	44	출생 배경이란
5	'95년을 맞이하며	45	지극 정성
6	몸은 마음의 받침돌	46	명확한 생각이 기본
7	몸과 마음	47	자신의 일을 찾아야
8	인간은 자체가 가능성	48	본성의 지시
9	나를 극복하지 못하면	49	반드시 해야 하는 일
10	작은 일은 깨달음의 시원	50	사람이 되는 일
11	편할수록 길이 있다	51	인간과 인류
12	건강은 수련의 기초 단계	52	자신의 일을 빼앗기지 말아라
13	통찰력은 만사 해결의 근본	53	지구의 미래
14	세 가지 유형	54	수련 외의 일
15	자신의 일이 중요	55	자신의 일
16	자신의 길	56	부끄러움
17	맑아야 한다	57	일은 감사의 대상
18	천하는 사람의 하반신	58	시간은 고무줄과 같다
19	남을 위해서도 살라	59	진화는 인간의 목표
20	인생은 원래 답답한 것	60	마음의 힘이 진력眞力
21	바보 세 명에게도 배울 것이	61	사명과 소명
22	인체의 두 가지 리듬	62	하지 않아야 할 일

63	본분을 지키는 일	103	기억력의 저하
64	순리로 풀라	104	문학의 스승
65	확신은 100%의 힘	105	누구와도 통한다
66	쓸데없는 것들	106	법도 정情 앞에 무력하다
67	사람다운 사람	107	천상천하 유아독존
68	두려움과 실패	108	환경
69	아화我化	109	몸이 무거운 것
70	천도天道	110	선善은 순리
71	일의 순서	111	영력은 시초에 불과
72	평범과 비범	112	확신은 천인의 기본 조건
73	뜻이란	113	해외 취재 기회
74	분수	114	시아버님 병환
75	우주의 사랑	115	조건은 자신의 탓
76	자살은 죄인가	116	육성 시의 방향
77	옥玉의 효과	117	각覺의 시작
78	잃는 기술	118	생로병사의 즐거움
79	수련의 방법과 내용	119	선각자의 임무
80	회갑의 의미	120	기운 자체가 업
81	인간과 우주의 차이	121	공동 진화의 길
82	내 일을 아는 것이 본성	122	몸의 중요성
83	나는 나의 일로 확인된다	123	스승이란
84	스승의 역할	124	집안일의 처리
85	가장 필요한 것이 유혹	125	의지와 인내
86	자유 의지	126	사명과 임무
87	인간은 완성체	127	관성이 운명
88	자신의 완성은 자신만이	128	본성의 통일
89	자유의 씨앗	129	길이 필나
90	심력心力 다지기	130	큰 그릇
91	때란	131	스승이 필요한 이유
92	방송 작가로 데뷔하다	132	업은 내 탓이다
93	인간의 지혜	133	법法과 본본
94	오링 테스트	134	성性과 본본
95	몸의 불균형	135	호흡으로 천하통일
96	신경 쇠약	136	동료에 대하여
97	근기에 따른 정신 자세	137	인간의 일은 수련
98	염력의 사용	138	인연
99	욕심을 제거하는 수련	139	두려움은 약
100	채워지지 않아도 넘어가라	140	진리는 내 안에 있다
101	저울의 추가 오행	141	생명이 있을 때 거두라
102	무화無化	142	본질과 변수

143	인간과 인류	19	자신의 통제
144	몸이 허해지는 것	20	도전에 대한 응전
145	사랑니, 편도선, 맹장	21	호흡 8
146	독립 운동가 홍범도	22	시간의 사용
147	땅만 보는 인간	23	때란
148	기는 맑아야	24	한계는 없다
149	최선을 다해라	25	불가능은 없다 3
150	스스로 돕는 자	26	바라는 바가 있어야
151	불가능은 없다 2	27	운명이라는 변수
152	각覺은 의지의 결정체	28	부동심
153	인간의 일은 하늘에 등록된다	29	드라마 작가
154	남의 탓이 없다	30	여러 종류의 사람
155	고비는 승패의 갈림길	31	하늘의 뜻
156	심호흡 10회	32	정情은 최종 관문
157	어려움의 생활화	33	인간에 대한 하늘의 뜻
158	동양과 서양	34	사는 이유
159	자신을 심판하는 것	35	기운을 모으는 법
160	'나'는 전지전능하다	36	마음을 정리하는 법
		37	우주화
		38	인간의 도리

4권 • 본성과의 만남 전후

1	사고방식의 정리	41	동료의 승진
2	편견은 가장 큰 결점	42	'96년을 맞이하며
3	이진법	43	소설「2000년의 한국」
4	마음의 정리	44	호르몬 조절
5	진리	45	기운이 없을 때
6	오늘이 중요	46	타 수련으로의 이적
7	운은 새와 같다	47	○○ 포기공
8	세 가지 운	48	동료의 의술
9	변화와 진화	49	○○ 기공
10	수련의 가속화	50	영혼결혼식
11	노력과 진화	51	정신적 공황
12	정상이란	52	지역감정의 뿌리
13	호흡은 공기의 공유	53	평두
14	홀로 서라	54	성폭행과 매춘
15	부끄러움 1	55	배우자
16	부끄러움 2	56	대형 사고의 희생자들
17	부끄러움 3	57	초능력은 신명 접합인가
18	부끄러움 4	58	재림주는 있는가

39 | 생각의 부족
40 | 돈에 대하여

59 | 종교의 사명
60 | 인간의 영급
61 | 보호령
62 | 지구 인류의 시원
63 | 지구의 기운을 통제하는 능력

수련원 개원 이후

64 | 수련 지도 1
65 | '98년 새해 아침
66 | 수련 지도 2
67 | 기공과 심공
68 | 작가와의 만남
69 | ○존자尊의 표상
70 | 호흡의 중요성
71 | 하늘의 입장에서
72 | ○○감식법
73 | ○음법
74 | 수련이란
75 | 선생의 도리
76 | 수련 지도 3
77 | 제자의 도리
78 | 법의 전달
79 | 수련 지도 4
80 | 48회 생일
81 | 인간의 도리
82 | 수련원 개원
83 | 남는 부분과 부족한 부분
84 | 중화된 냉기
85 | 『격암유록』의 10승지
86 | 수련생에 대한 문의
87 | 나에 대한 문의
88 | 가족들의 전생
89 | 버거씨병
90 | 명命에 대하여
91 | 명부命簿 1
92 | 자궁 근종
93 | 천기누설
94 | 꾸지람

95 | ○란시아
96 | 천도 1
97 | 천도 2
98 | 중간 점검 1
99 | 물物에 대한 공부
100 | 아내의 가출
101 | 생활과 수련과의 문제
102 | 살기 좋은 곳
103 | 보호령 1
104 | 기운의 역류
105 | 전신 마취
106 | 부부 수련생
107 | 1998년 송년 메시지
108 | 새해를 맞이하며
109 | 명부 2
110 | 땅 매입 건
111 | 명부 3
112 | 수선재 로고
113 | 명부 4
114 | 천도 3
115 | 에이즈AIDS
116 | 중간 점검 2
117 | 수술 시기
118 | 보호령 2
119 | 수련
120 | 49회 생일